2E教育の
理解と実践

発達障害児の才能を活かす

松村暢隆 編著

金子書房

まえがき

　特別支援教育の体制が整備されてくるにつれて，発達障害のある子ども（以下，発達障害児）の中に並外れた才能を示す子どもたちがいることが益々注目されるようになった。読み書きや対人関係などの困難を抱えながらも，算数・数学や理科が抜群に得意であったり，動植物や鉄道など特定の専門分野で驚くほど博学を発揮したりする。彼らの苦手なスキルを補償するだけでよいのか，得意な力を伸ばしてあげるにはどうすればいいか，教師が悩むことも多くなった。

　そういう並外れた才能と発達障害を併せもつ子どもは「2E（トゥーイー）」（twice-exceptional）の子ども（以下，2E児）と呼ばれる。一人の子どもに才能と発達障害が同居することは，以前は常識ではなく，今でも学校での特別支援教育での実践は，事実上才能は無視して障害への対応で精一杯になる。一方，2E児をもつ親が子どもの才能に気づき，例えば「もっと難しい内容を学習できたら子どもは学校が好きになるのに」と思っても，学校では十分に対応できないことも多い。教師も，2E児に適切に応じる「2E教育」とはどのようなものか，どうすればいいのかがよく分からない。

　そのため，2Eや2E教育という言葉はようやく注目され始めたものの，その理念・方法について共通認識がなく，認識がずれてしまう。日本では2E教育の基盤となる「才能教育」が存在しないため，実際の才能教育の様子はよく知られず，才能や才能児に関する共通理解がないことも混乱に輪をかけている。2Eの子どもは，とくに親たちの間で最近しばしば「ギフテッド」と呼ばれることがある。しかし英語でそれは才能のある子ども（以下，才能児）の才能面だけを表し，2Eそのものや障害面を指す言葉ではない。才能児には，発達障害や社会情緒的問題が伴う場合もあれば伴わない場合もある。いっぽう発達障害児には，特定の優れた才能が伴う場合もあれば伴わない場合もある。わが子は「発達障害ではなくてギフテッドだ」，さらには「発達障害はすなわちギフテッドだ」と言葉を言い換えて慰められたくなる心情は理解できるが，そのために障害面への適切な対応の機会を逃してしまっては残念である。逆に，発達障害と診断されたり「発達障害っぽい」と片づけられるが，本当は才能に伴って発達障害とは別の問題が表われているという場合

i

も少数だがあり得る。いずれの場合も，障害を診断する者は2E児や才能児の特性について理解しておくべきである。しかし日本ではほとんど全く，2E教育の先進国アメリカでさえ多くの場合，それらは考慮されない。2E児や才能児の障害や困難の面だけが注目され，才能を正当に評価して伸ばしてくれる教育制度が存在しないのは，そういう子どもたちにとって不幸である。

　そこで本書では，2E教育の理念と実践の背景，および幅広い実践の試みを紹介して，理解の共有が進むことを目指す。

　日本では2E教育としての認識をもった教育実践は各所で試行的に開始され始めたばかりである。そのため，本書では，既存の教育実践を2E教育の観点から捉え直しながら，新たな挑戦的実践としては荒削りなプロトタイプ（初期の原型）のほんの具体例を提示するのみである。しかし，今後の日本の発達障害児への特別支援教育を展開させるために，フロンティア精神をもって一つの有用な方向性を示すものになっていれば幸いである。各章および節で，広い意味で2E児への支援について，自尊心を高めるなどの社会情緒的支援を重点に，日本で可能な2E教育実践のあり方や今後の方向を読者に汲み取っていただけるように願うものである。

　第1章では，2E教育の理念および実践について概念整理を行い，今後の日本での教育実践のあり方について提言を行う。発達障害や才能，2Eといった「発達多様性（発達ダイバーシティ）」のある個性をもつために，現在の環境には不適応な子どもたちが少なからずいる。その支援の一つとして2E教育が存在することを述べる。

　第2章では，2E教育の背景となる才能教育および2E教育実践について，アメリカの例を紹介して概観する。子どもは発達障害の有無に関わらず才能教育プログラムに公正に参加できるべきだが，その際には障害への配慮も必要になる。「アメリカでは」という話から今後の日本の実践に示唆されることを把握していただきたい。

　第3章では，才能または発達障害の苦手や問題に気づかれない場合を含めて，多様な姿の2E児に対して，適切な学習支援を行うことが社会情緒的支援につながることを論じる。学習支援のためのアセスメント（評価）の流れを例示して，種々のタイプの得意を活かす支援方法や，ライフステージ別で

の学習支援の方向性について述べる。

　第4章では，公立の小学校で，発達障害児の「才能を伸ばす」ことを盛り込んだ施策方針に則った新しいプロジェクトとして，とくに通級指導で広義・狭義の2E児対象の，フロンティア的なプログラムの実践例を紹介する。

　第5章では，多面的な教育・活動の場から，発達障害（傾向）の高校生等に，進学や進路選択を見据えて，自分の才能面（得意・興味）を自覚させ自尊心を高めることを目指す，社会情緒的支援の実践を紹介する。高大連携で大学から高校生への支援の今後のあり方に示唆が得られ，多様な2E教育実践への提言となるだろう。

　第6章では，発達障害のある大学生を広義・狭義の2E者と捉え直して，大学で実践が蓄積されてきた修学支援の発展型として，高校から入学直後までの高校生・大学新入生への移行支援について，実践されてきたプログラムを紹介して，そのあり方を論じる。

　第7章では，2E児と親の意識・支援について論じる。親への支援には父親も含まれるべきではあるが，従来の発達障害研究でも焦点とされてきたように，大きな悩みを抱えている母親に取り掛かりの話を絞る。まず2E当事者から望まれる，成人までの2E児者への支援について提言する。また広義の2E児の母親の子育ての意識に関する調査を踏まえて，望まれる支援について比較文化的に考える。さらに2E児周辺の特異集団として，発達障害とは異なる「不協和感のある才能児」の自己理解について，本人が特性を認識して母親も理解・共感するための支援を試みて論じる。

　これらの実践の試みや考察が端緒となって，2E児や才能児とその家族への今後の支援に繋がっていってほしい。

2018 年 10 月

編著者　松村暢隆

＊「障害」の表記について：近年「障がい」あるいは「障碍」という表記もなされることがあるが，本書では，法律名や制度名，障害名や診断名を表記するために「障害」の表記を使用する。また「発達障害のある子ども」を「発達障害児」と表記する。

Contents

まえがき ……………… i

第1章

2E教育の考え方
—— 才能と障害のマイノリティから発達多様性へ　　　松村暢隆 ……… 1

第2章

アメリカの2E教育実践
—— 才能と障害の発達多様性に応じる教育　　　松村暢隆 …… 13

第3章

学習支援を通しての社会情緒的支援　　　小倉正義 …… 25

第4章

小学校で発達障害児の才能を伸ばす ……………………… 36

1 「才能を伸ばす」指導・支援の施策　　　　　吉原　勝 …… 36

2 通級指導で才能を伸ばす　　　　　　　　　岡田克己 …… 43

3 通級指導教室におけるサマースクール　　　杉山　明 …… 52

第5章

高校生への社会情緒的支援 ……………………………… 61

1 進学を目指す高校生への教育相談　　　　　小倉正義 …… 61

2 生徒の進路選択で得意を活かす覚悟　　水野　証・宇野明雄 …… 68

3 定時制高校の生徒への社会的支援
　　── グループワークを通じて　　　　　　小黒明日香 …… 78

4 余暇活動で興味を共有して社会性・自尊心を
　　高める　　　　　　　　　　　　　　　　加藤浩平 …… 86

第6章

大学進学への移行支援　　　　　　　　　西村優紀美 …… 95

第7章

2E当事者と親の意識・支援 ……………………………… 105
- **1** 2E児者の成人までに望まれる支援　　　　　ソルト … **105**
- **2** 障害と才能を認めて母親も人生を楽しむ　　小坂智子 …… **113**
- **3** 不協和感のある才能児の自己理解と母親の
　共感を促す　　　　　　　　　　　　　　水野晶葉 … **122**

索　引 ……………… 132

第1章

2E教育の考え方
―― 才能と障害のマイノリティから発達多様性へ

松村暢隆

1 2Eとは何か?

(1) 2Eおよび2E教育という用語

　発達障害のある子ども (以下，発達障害児) は，算数・数学や音楽，絵画，あるいは空間認識能力などで優れた才能を見せることがある。例えば高度な数学的能力を示す発達障害児について，独特なニーズへの配慮が必要なのに適切に対応できないという戸惑いが教育現場でも感じられてきた。可能なら発達障害児の才能面も考慮して，個別の学習ニーズや社会情緒的ニーズを把握して，得意・興味を伸ばして苦手を補うために活かすことは，一人一人の個性に応じるという特別支援教育の理念にも適う。

　発達障害と才能を併せもつ「2E」(twice-exceptional) の子ども (以下，2E児) は，日本語で意味を表す用語としては「才能・発達障害児」あるいは「二重に特別な支援を要する子ども」とも呼べるだろう。2E児への教育・支援を「2E教育」あるいは「二重の特別支援教育」と呼ぶ。なお，最近アメリカでは「2e」と表記されることも多くなったが，日本語では文中やとくに縦書き表記の視覚的印象も考慮して「2E」で統一する。

　2E教育は1980年代にアメリカで始まったが (第2章参照)，日本では「2E」および「2E教育」という用語は最近ようやく認識され始めた (筆者が2007年に「二重に特別な」という表記と併せて初めて用いた：松村，2007)。しかしその概念や方法の全てがわが国に新しいわけではない。2E教育を意識しなくても授業の工夫を行って，発達障害児の得意・興味を活かす観点からの指導・学習の取り組みは従来から実施されてきた。本章では，理念を共有するために2Eおよ

1

び2E教育の概念整理を行い，教育実践のあり方について考える。

（2）2E教育の対象者

2Eの単一な定義は確定していないが，従来の共通認識としては，2E児は，特に優れた何らかの才能をもつと公式に識別され，同時に何らかの診断された障害をもつ。アメリカのように公式の「才能教育」（gifted education）が存在する国では，才能のある子ども（以下，才能児）の知能，学力，創造性を始め多様な優れた才能は，才能教育で用いられる種々の検査や行動観察などの基準で識別される（第2章参照）。一方，障害は，「特別（支援）教育」（special education）の中で一般的にはLD（SLD：限局性学習症），ADHD（注意欠如・多動症），ASD（自閉スペクトラム症）といった日本でいう発達障害（神経発達症群），あるいは行動・情緒障害の診断によって認められる。

2E教育プログラムは，LDやADHDに限定して2E児を対象とする場合もあれば，診断なしでも学習や社会情緒的支援のニーズが高いと判断された子どもを含める場合もある。

2E児が同学年集団全体に占める割合は，IQ（知能指数）など基準次第で変動するが，教師が2E（傾向含む）と判断できる子どもの比率は，アメリカのある学校区（第2章3（2）参照）では全体の約2%と推測されている（Weinfeld et al., 2013）。わが国でも同様の比率だと仮定するなら，集団全体の約6.5%（文科省2012年全国調査）の発達障害児（傾向含む）の約3人に1人は2E（傾向含む）の可能性があるということになる。発達障害児は才能（得意）と障害（苦手）の偏り（凸凹，非同期性：asynchrony）が定型発達の子どもより大きいので，それが事実でも不思議ではない。教師が認識する以上に2E児は多く存在すると予想される。

（3）才能と障害の発達多様性

2E児の才能と障害は互いに隠し合い，才能あるいは障害が気づかれない場合がある（第2章，第3章参照）。筆者は次の2つの場合をこう呼んで区別する。

①狭義の2E：一人の子どもの発達障害が診断され，才能が識別される。

②広義の2E：一人の子どもの発達障害または才能（あるいは両方）が診断・識別されない（傾向に留まる）。

　広義の2E児で才能または障害が隠れるのは，才能・障害特性は個人ごとに独自に組み合わさり，種類の限られた生活環境（学習の場など）や識別方法では，才能と障害が浮かび上がらないからである。発達障害児，才能児および2E児は，広く捉えると集団全体の2割近くにもなるが，マイノリティ（少数派）集団であり，その中で個々人は共通特性でまとめ切れない個性をもつ。

　発達障害について最近は「ニューロダイバーシティ」（神経（脳の）多様性：neurodiversity）と呼ばれる観点から捉えようとする社会的な動きが起こってきた。どの個人も自分の神経多様性に最適な環境には適応できるが，たまたまその人が生活する現代の環境に不適合な特性が際立つと発達障害等と見なされるという観点に立てば，そのマイノリティは異端視されない。

　しかし発達障害等の説明を十分に解明し得ない脳科学レベルに還元しないで，心的・行動的レベルで見ると，発達障害児，才能児および2E児は，各々独自の発達的な多様性と共通性を示す集団に属する。すなわち「発達多様性（発達ダイバーシティ）」（developmental diversity）の一種と見なすと適切である。

2　発達障害と併存する才能の識別

（1）特別支援教育で才能を考慮する意義

　「発達の凸凹」の観点には，発達を誰もが同じように辿る一本の道筋と捉え，各領域の機能が年齢標準からどれだけ遅れているかに注目するという前提がある。そのため医療・教育関係者は，遅れ＝障害を発見して治そうという姿勢を取る。しかしむしろ全ての人の発達の道筋は個性的であり，発達多様性の中から独自の道筋を辿ると考えられる。すると，ある領域の機能を年齢標準に近づけることよりも，個人の比較的得意な面を伸ばして活かすことが最優先課題となり，個性を尊重した発達保障につながる。社会経済的あるいは性的マイノリティと共通して，発達障害児と2E児という発達マイノリティすなわち発達多

様性のある子どもについても公正に「才能（得意・興味）を見つけて伸ばし，障害（苦手）を補うために活かす」ことが指導・学習や支援の理念となる。その支援はまさに個人のニーズに応じることになるが，特に2E児は，才能と障害の個性的な特性が交錯して，指導・学習や支援のあり方が個別的になる。

　アメリカで2E教育の必要性が訴えられるのは，障害の有無に関わらず才能教育に公正にアクセスできるべきだと考えるからである。しかし日本では才能教育が存在しないため，特別支援教育は障害への対応で手一杯で，才能を尊重する支援は重要視されなかったり，重要だと感じても方法が不明だったりする。ただし子どもの障害の程度に関わらず，障害を補うために比較的強い力や興味を活かす指導・支援は必然的に行われてきている（本章5（1）参照）。

（2）才能を識別する包括的アセスメント

　狭義の2E児は，高知能・高学力（achievement）に限定されず多様な才能のいずれかの特性をもつ（第2章1参照）。発達障害が診断されると同時に，才能が才能教育の多様な基準で識別される。単独の評価の指標では2E児の才能または障害が隠れて見落とされることが多いため，多種の評価方法を複合させた「包括的（comprehensive）アセスメント（評価）」が必要になる（第2章2参照）。

　知能検査は，認知機能間の偏り（凸凹）を把握できて，障害の包括的アセスメントの一つの手段としては有用であり，2E児の才能をある程度把握できる。しかし2E児の場合は偏りが大きいため，全検査IQが並外れて高くない場合もあれば，下位指標得点の低い方でも標準並みの場合もある。そこで2E児には才能特性を考慮した多様な評価手段がいっそう必要になる。

　このような理念はアメリカでも教育・医療関係者に十分に共有されているとは言い難く，発達障害の包括的アセスメントにおいて，才能特性を考慮せずに障害を発見して治療するというモデルに従うことも多い（Baum et al., 2017）。才能教育の専門家でなければ才能そのものを識別する義務はないためでもある。しかしそれでは，障害と才能への適切な対応を誤ることもある（Webb et al., 2016）。日本でも，発達障害児の才能特性を識別して支援に活かすのは特別支援教育の義務ではないが，現行制度の範囲内でも才能児の特性を理解することは，適切な個別の対応を探る上で考慮すべき課題となるだろう。

3 不協和感のある才能児に伴う超活動性

（1）超活動性（OE）の特性

　昨今，発達障害が一般にも広く知られるようになった反面，発達障害に類似する行動を何でも発達障害（傾向）だとステレオタイプ的に決めつけたり過剰診断してしまったりする恐れもある。しかし当人や家族など以外には気づかれにくいが，発達障害とは言えない問題のある才能児が意外と多く存在する。

　才能児は，強い好奇心や意欲，こだわり，創造性，完璧主義などの特徴を伴うことが多いが，それらが高じると発達障害の行動に似た社会情緒的問題を伴うことがよくある。例えば特定の課題に取り組むときに強い興奮・活動性を示す行動は，ADHDに似る。こういった才能に伴って時には問題となる行動特性を，ダブロフスキー（K. Dabrowski）は「超活動性」（overexcitability, OE：筆者の訳語）と呼んだ（Piechowski, 2014）。超活動性（以下，OEと略記）は，以下の5領域に分けられる（特徴の例を挙げる）。

①知的（intellectual）　　　：好奇心，知的探索，真実探求，熟考，内省，問題解決。
②情動的（emotional）　　　：強い感受性・感情表現，同情，共感，人や物への愛着。
③想像的（imaginational）　：豊かな想像力，リアル感のある空想，白昼夢。
④運動的（psychomotor）　 ：高い身体的活動性，多弁，衝動的・強迫的活動。
⑤感覚的（sensual）　　　　：過敏な五感，強い美的感覚，過度の刺激を嫌悪。

　個人はいずれかの，または複合した領域でエネルギーを多く注いで，刺激に対して「激しい反応」（intensity）や「強い感受性」（sensitivity）を示す。

　OEは，才能特性そのものではなく才能に随伴することが多い特性である。つまり，才能児が高いOEを示すとは限らないし，高いOEを示す者が才能児とは限らない。OEが強すぎて不適応で困る才能児もいれば，弱くて目立たず本人も気にせず普段は適応できている才能児もいる。OEは周りの環境との関係しだいで適応的に働いたり（熱中・望ましいこだわり等），不適応に働いて問題行動（困ったこだわり・神経症的完璧主義）として表われたりする。

なお，アーロン（E. N. Aron）による「敏感すぎる」(highly sensitive) 特性をもつ「HSP：Highly Sensitive Person」(Aron, 1996) と呼ばれる青年・成人，および「HSC：Highly Sensitive Child」と呼ばれる子どもの概念は，日本でも知られるようになった。HSPまたはHSCの特性の表れ方は人によって異なるが，全ての人々の2割近くもがHSP/HSC傾向があるという。OEの各特性がHSPに複合して含まれることが，ダブロフスキーの共同研究者ピエコフスキー（M. M. Piechowski, 2014）によって指摘された。

（2）超活動性と発達障害特性の区別

　狭義・広義の2E児がもつADHDやASD（傾向）の行動と，才能に伴うOEの問題行動は表面的に似ているが，障害の診断基準のみにではなくOEが表れうる日常の複数の場面での行動に基づいて区別する必要がある。

　才能に随伴してOEに起因する多動の行動が，ADHDだと誤診(misdiagnosis)や過剰診断 (overdiagnosis) を受ける可能性は，多くの研究者から指摘されている（Webb et al., 2016; Baum et al., 2017）。DSM-5（精神疾患の診断・統計マニュアル）の診断基準で表面的な行動場面をカウントすれば基準に達してしまうからである。ADHDと診断された子どもの約半数は誤診であったとも言われる（Webb et al., 2016）。才能児者のOEが障害だと誤診されて才能への適切な支援がないなら不利益であり，不要な薬物治療に至ると「うつ」等の二次障害を引き起こして問題が複雑化してしまう。

　誤診の多さについては議論もあるが（Lovecky, 2017），2Eと見なされる子どもの一部は「発達障害とは言えない才能児」だと認識を改めるほうが適切な場合は確かにある。もっともその名称替えが，障害を先入観で否定する言い訳に使われてはならない。才能と障害（に似た）行動を示す子どもについて，障害の診断が妥当な2E児なのか，それとも不要な才能児なのかは慎重に区別する必要がある。例えばADHDでは多動や注意欠如の行動が多くの場面に広がり，過集中 (hyperfocus) の活動を切り替えられない（中断すると戻りにくい）。一方，OEを示す才能児では興味のある活動では集中して切り替えられる（中断しても戻れる）が，退屈な課題では多動や注意欠如が生じ，場面によるムラが多いことから，両者を区別できるという（Webb et al., 2016）。

（3）不協和感のある才能児（GDF児）

　才能児がOEをもつ場合，不適合な環境には馴染めないので，そのような子どもを水野（第7章 [３]）の提唱に従って「不協和感のある才能児」（GDF児）と呼ぶ。この名称が当事者の感じ方をより適切に表せることには，バウム（S. M. Baum）ら2E教育関係者の賛同も得た（筆者面談による）。不協和感と発達障害傾向を明確に区別する方法は難しい面もあるが，GDF当事者およびその観点に立てる人から見ると，確かにGDFという概念で括るほうが納得できるような集団が存在する。GDF児を，隠れた2Eではなく2E周辺だが別の発達多様性のある集団として捉えると，本人に必要があればより適切な支援が広がる。

　GDF児はマイノリティではあるが，日本の中高の進学校などにもある程度存在するだろう。また「発達障害の大学生」と見なされている人たちの一部は，2EよりもGDF者の可能性がある。修学支援として，才能を活かす学習・社会情緒的支援が適合する学生も少なからずいるはずである（松村，2013）。GDF児者が授業に不適応な場合，2E児者と共通して能力・興味だけでなく思考（認知・学習）スタイルに適合した学習の個性化も支援には有効であろう。

　2E児では知的発達の高さと社会情動的発達の「低さ」の併存もあるが，GDF児では情動的発達の道筋が「独特」なため，進学校のGDF集団のような適合した環境では適応できるというパターンもある。GDF児の不協和感は，見える行動によってカウントできるものではないが，GDF児は一般に内省する力に優れるため，本人が特性に気づくように促すことは，自分でも理解できなかったモヤモヤした問題をポジティブに捉え，公言しなくてもそういう発達多様性の一種というアイデンティティをもって，安心感を得るために役立つ（第7章 [３] 参照）。親や教師も共通理解と共感が高まることが望まれる。

　多くのGDF児は不協和感があっても支援を必要としないが，環境によっては学習・生活上で不適応に陥り本人や周囲の人が困って支援を要する場合も起こり得る。GDF児と2E児は，才能と不適応行動の両方を示す点では共通しているので，才能を活かすプログラムは共通に適合する。教育実践的には広義の2E教育の中で，個人の得意・興味および苦手・困難の両方のニーズに応じた学習および社会情緒的支援の個性化をよりきめ細かく進めることになる。

4 2E教育における指導・学習と支援の理念

（1）狭義と広義の2E教育

　日本で必要・可能な2E教育を検討する際には，狭義・広義の2Eの区分と対応させて，次の両者の区別（筆者による）が有用である。

①狭義の2E教育：一部の発達障害児について，知能や学力・創造性など才能教育で一般的な基準に合う才能を明確に識別して，障害と才能両方に対応する特別なプログラムを提供する。

②広義の2E教育：才能を識別しない場合も含めて，全ての発達障害児（傾向・未診断も含む）および不協和感のある才能児の「得意・興味（才能）を伸ばし，活かして苦手（障害）を補う」理念の下に，学習内容・方法・成果発表方法を個性化しながら，学習・社会情緒的支援を行う。

　広義の2E児は，誰もが数学や芸術など特定の分野で「ずば抜けた」才能をもつ訳ではない。それでも比較的得意な領域の技能を伸ばすことができる。また個人ごとに領域共通の得意と苦手な学習方法があるため，得意と苦手に配慮した支援が有効である。

　特別支援教育で2E教育の理念を活かす方策を考えるためには，それが広義または狭義の2E教育のどこに位置づけられるのか，障害と才能の両面をどうやって見出し両者にどう配慮しているのかという点に注意する必要がある。

（2）2E児に必要な支援プログラム

　2E児は，才能と障害に別々に応じるプログラムの両方に参加するだけで，両方の学習ニーズが十分満たされる者もいる（才能＋障害への支援）。例えばLDへの支援によって読み書きの困難を補う一方，数学の高度な学習活動に参加する場合である。しかし多くの2E児には，どちらのプログラムでも才能と障害の両方に配慮した支援が必要である（才能×障害への支援）。例えば高度な数

学を学習するとき十分な「時間をかける」，あるいは読み書きの障壁をPC等ICT機器の助けで乗り越えながら「高度な内容」の文章を読解する場合である。

　両方のプログラム内での配慮だけでは不十分な2E児は，両者の方法が統合された厳密な意味での「2E教育プログラム」が存在するなら，そこに参加することが望ましい（第2章3参照）。

5　特別支援教育で2E教育の理念を活かすために

（1）既存の教育実践を2E教育に位置づける

　狭義の2E教育は，公式のプログラムとしては日本の学校ではまだ存在しないが，その必要性は現場でも認識され始めている。もっとも事実上は，例えば受験難関の中高進学校では高学力は識別されているので，ASDやADHDなどの発達障害（狭義の2E）およびその傾向（広義の2E），さらにはGDFの生徒が既にある程度含まれている。同じ傾向の生徒が仲間になったり，才能で苦手を補うスキルを自分で洗練させたり，興味領域の学習を高度に発展させたりして，広義・狭義の2E教育と同様の機能が働いているといえる。

　近年政府の教育再生実行会議などで議論された「特に優れた能力をもつ子どもたちの力を更に伸ばす教育」も，発達障害児には狭義の2E教育となりうる。ただしそのような議論でもよく話が引用される東京大学と日本財団の「異才発掘プロジェクトROCKET」等の学校外の特別な場での学習は，参加者には有意義な体験となるものの，極めて少数者対象であるなら，多くの2E児を救う方策ではない。どの学校にも意外と多くいる狭義の2E児を適切に処遇するための狭義の2E教育は，学校で広義の2E教育を実施する中で，狭義の2E児のニーズをさらに適切に汲み上げる場と方法として創られるべきものである。

　広義の2E教育の実施方法としては，既存の特別支援教育の取り組みのいくつかは2E教育の方法と重なると言える。例えば通常学級での「長所活用型指導」や「学びのユニバーサルデザイン」（UDL）等では，発達障害・学習困難児の得意な方法を教科学習に活かす方法が用いられている。また通級指導教室では，子どもの苦手の補償を行いながら得意・興味を活かす働きかけの工夫が，

2E教育を意識しなくても少なからず行われているはずである。ただし，それらは障害を補うのが主目的であるのに対して，2E教育は，学習の障壁となる障害特性に配慮しながら，才能教育の理念・方法で才能を伸ばして活かすのが眼目となる。それを通じて2E児が得意な分野や方法での学習意欲と自己尊重を高め，苦手な領域を自分で補っていく力を付けるのが狙いである。

（2）学校での2E教育の理念に基づく新しい取り組み

アメリカでは最近，発達障害児や2E児のみを対象に高卒資格取得，大学進学を目指す小規模の私立学校が全国各地に増えてきた（第2章3参照）。そこでは確かに広義・狭義の2E児が手厚く支援される。しかし学費が高額になり入学の機会が家庭の経済状態に左右され不平等になる。日本でも学校外で2E児対象の小規模の私塾を創ることは現在でも可能だが，教育の質の保証もさることながら，同様の不平等の問題が生じる。2E児にはまず学校で，とくに公立学校で追加予算が少なくて済むような公正な支援の制度整備が望まれる。

次のような2E教育を実施できる場が設定されれば，支援が有効になる可能性がある。

① 通級指導教室を基盤とした才能への支援

広義・狭義の2E児には，通級指導教室で才能を考慮して個性化された学習支援が適合する（第4章参照）。障害の障壁をクリアして高度な学習に挑戦することによって自己肯定感を高め心理的な安定を図る，社会情緒的支援の機会が必要である。また通級指導教室内だけでなく，総合学習，クラブ，サマーキャンプ（スクール）などの課外学習で，他の集団の中の一集団として興味を共有する2E児どうしが集まると，学習に適合した場となる可能性がある。そこでは社会情緒的支援もきめ細やかに行え，子どもにとっては居場所となり，互いの協同性が高められる。

小中学校で「2E教室」すなわち狭義の2E児向けの通級指導教室を設置することも，現行法で可能である。発達障害児対象の通級指導の中で，才能（高知能や特定の興味など）を併せもつ子どもどうしの学習集団を組み替えて，才能と障害の両方に配慮した支援プログラムを開始できる。

②中学・高校生への社会情緒的支援

　2E児には，障害特性からも才能特性からも社会情緒的問題行動が生じ得る。中学校・高校では特に自尊心が低下しやすく進路に迷うことも多いので，学習支援だけでなく社会情緒的支援も必要である（第3章，第5章参照）。高校でも2018年度から通級指導が制度化されたが，得意分野の知識・技能が小中学生より多様に発達した高校生のほうが2E通級指導教室のニーズが高いはずで，その理念と制度の検討が求められる。2E生徒の自尊心も考慮して，課外学習で他の小集団に混じって興味が同じ小集団を形成すれば，現実の方法と成果を伴う「本物の学習」が行われ，本人や周囲の生徒にも受け入れられやすいだろう。

　また，2E生徒には就労だけでなく大学進学を目指す支援が適合する場合が多い。大学での発達障害学生（広義・狭義の2E者）への修学支援に継続できるような，大学から高校生への移行支援は有効である（第6章参照）。

　中学・高校生への社会情緒的支援において，2E児の内省を高め，親の理解・共感を促す支援も有効である（第7章参照）。狭義・広義の2E児や「不協和感のある才能児」（GDF児）の親が，障害や問題行動の改善を最優先に望んでも，子どもの特性によっては必ずしも有益ではない。親が子どもの才能面に気づいて才能・障害の両面を理解することも，親子関係を深めるために重要である。

　日本で2E教育の理念を活かす特別支援教育の実践を進めるには，支援する専門家が密接に連携した教育システムの構築が望まれるが，発達障害児の才能面も考慮した高いニーズに，教師や親が気づくところから始めるべきだろう。そのためには，まず教育・医療関係者の2E教育に関する理解と研鑽が必要である。

【引用・参考文献】

Aron, E. N. (1996) *The highly sensitive person: How to thrive when the world overwhelms you*. New York: Birch Lane Press.（冨田香里訳（2008）ささいなことにもすぐに「動揺」してしまうあなたへ．ソフトバンククリエイティブ）

Baum, S. M., Schader, R. M., & Owen, S. V. (2017) *To be gifted & learning disabled: Strength-based strategies for helping twice-exceptional students with LD, ADHD, ASD, and more* (3rd ed.). Waco, TX: Prufrock Press.

Lovecky, D. V. (2017) Misconceptions about giftedness and the diagnosis of ADHD and other mental health disorders. In S. B. Kaufman (Ed.) *Twice exceptional: Supporting and educating bright and creative students with learning difficulties*. New York: Oxford University Press, 83-103.

松村暢隆（2007）才能のある学習困難児のための教育プログラムー2E 教育の基礎固めのために．関西大学文学論集，57（3），97-113.

松村暢隆（2013）発達障害学生の才能を活かす学習支援ーアリゾナ大学ソルトセンターの実践から．関西大学文学論集，63（1），133-153.

松村暢隆（2018）発達多様性に応じるアメリカの2E 教育ーギフテッド（才能児）の発達障害と超活動性．関西大学文学論集，68（3）．［2018.12 刊行］．

Piechowski, M. M. (2014) *"Mellow out," they say. If I only I could: Intensities and sensitivities of the young and bright* (2nd revised ed.). Unionville, NY: Royal Fireworks Press.

Webb, J. T., Amend, E. R., Beljan, P., et al. (2016) *Misdiagnosis and dual diagnoses of gifted children and adults: ADHD, bipolar, OCD, Asperger's, depression, and other disorders* (2nd ed.). Tucson, AZ: Great potential Press.

Weinfeld, R., Barnes-Robinson, L., Jeweler, S. & Shevitz, B. R. (2013) *Smart kids with learning difficulties: Overcoming obstacles and realizing potential* (2nd ed.). Waco, TX: Prufrock Press.

＊引用文献については本文中で逐一典拠を示さなかったが，第1章・第2章のより詳細な論述と合わせて，松村（2018）を参照（関西大学ホームページ→「学術リポジトリ」からダウンロード可能）。

第2章

アメリカの2E教育実践
—— 才能と障害の発達多様性に応じる教育

松村暢隆

1 才能と才能教育の概念

　2E教育の背景には，「才能教育」の理念・方法があるため，2E教育を理解するには，才能教育に関する正しい理解が重要である。そこでまず先進国アメリカの才能教育を概観した上で，2E教育実践について述べる。

　才能教育とは，平均より優れた能力・才能が識別された「才能のある」（gifted）子ども（以下，才能児）を対象に，学校で特別プログラムを提供したり，特別の在籍措置を講じたりするものである（松村，2003）。才能教育が公式に存在するアメリカ等の学校教育制度では，障害に応じる「特別（支援）教育」と並んで，才能教育は，学年相当の通常カリキュラムでは十分に個別の学習ニーズに応じられないような，特定の優れた才能をもつ子どもを対象とする。

(1) 才能の用語と定義

　最近日本でも国の行政レベルで，「優れた才能」を伸ばす教育のあり方が議論されるようになった。しかし「才能」の明確な共通認識がないため，一般にも教育関係者にも才能関係の用語について誤解・混乱が生じている。まず，才能教育はごく少人数のためのエリート教育ではないため，「英才」や「英才教育」，さらには「天才」や「天才教育」という言葉を用いることは，学校教育においては避けるべきである。2E教育の議論を混乱させないためにも，才能教育の概念を正しく認識して，用語を慎重に用いることが必要である。

　アメリカの才能教育は長年，法的基盤を伴って実践されてきた。才能の概念については，連邦（国）の1978年改正「初等中等教育法」（ESEA）で定義づけられ，多くの州の教育法や教育局の教育指針がそれに準拠してきた。すなわち，

「才能のある児童生徒」(gifted and talented students) は，①知能，②創造性，③特定の学問の能力 (教科ごとの学力)，④リーダーシップ，⑤芸術の能力のいずれかで並外れて優れていて，学校で通常は提供されないサービス・活動を必要とする。また定義の付記では，文化的マイノリティや社会経済的に不利な (貧困層の) 集団の中からも公正に，多様な才能を識別する必要性が強調されている。

　連邦の才能の定義には含まれないが，レンズーリ (J. S. Renzulli) による「才能の三輪概念」では，①優れた知能・学力，②優れた創造性と併せて，③「課題への傾倒」(task commitment) が才能の重要な要素とされる (Renzulli, 1995)。課題への傾倒すなわち強い興味・熱中は，単独では才能特性 (識別基準) ではなく，才能に伴う超活動性 (第1章参照) の一面と言える。実際に2E児を含め，才能児の特定分野での能力や創造性を見出す手掛かりとなる。

（2）才能教育プログラムと才能の識別

　連邦法やそれに準拠した州の教育法令には才能教育実施の強制力はなく，その実施は学校区や学校の判断に任される。対象者の認定は，教育予算や実施条件に左右され，才能児すなわち才能教育プログラム対象者は総計で全生徒の1割以上になることもある。一方で才能教育が実施されない州や地域もある。

　才能教育プログラムでは実際には，高知能すなわち高IQが才能識別基準として重要視されることが多い。しかし優れた知能や学力をもつ「知的才能児」だけでなく，優れた芸術性や創造性をもつ才能児を処遇する多様なプログラムも存在する。対象者の才能を識別するには，知能・認知能力検査や標準学力テストだけでなく，学習の成果・作品，教師による授業中の観察，行動観察用チェックリスト等，複数の評価手段を組み合わせて，担当の教師や委員会が総合的に評価する方法が多く用いられる。

（3）才能教育の方法

A）早修と拡充

　アメリカでは各州の教育法や教育指針に基づいて，才能児の多彩な才能を識別して伸ばすために，多様な指導・学習方法や措置が用いられる。才能教育の

形態・方法は大きく「早修」(acceleration) と「拡充」(enrichment) に区別されてきた。早修は，上位学年相当の科目を早期履修して単位修得が認められる措置である。拡充は，通常カリキュラムの範囲を超えて学習内容を拡張・充実させるもので，先取り学習をしても上位学年の単位修得は伴わない。

早修には，飛び級や，飛び (早期) 入学，科目ごとの早修，「AP」(Advanced Placement：高校生が在籍中に大学相当の科目を単位先取り) などがある。拡充には，個人・小集団学習やプロジェクト (調査・創作) 学習，土曜教室，サマーキャンプ (大学・団体による)，コンテスト (州・国内外の) などがある。

レンズーリが提唱した「全校拡充モデル」(SEM：Schoolwide Enrichment Model) では，学校ぐるみで指導チームを組んで，柔軟に編成された学習集団で，全生徒を対象とした多様な拡充の機会を提供する。その中で学習の「個性化」(differentiation) が図られ，才能児にも適合した種々の高度な学習活動が行われる。SEM の「全ての子ども」のための拡充の方法は才能児にも 2E 児にも有効なことが，多くの実践プログラムを通じて実証されてきた。

SEM の実施要素の「拡充三つ組モデル」では，①全体集団で新しい活動を導入，②小集団で必要な知識・技能を習得，③個人で高度な学習の探求という3タイプの拡充学習が組み合わされる。そこでは③の学習成果の発表が他児には①の導入的拡充になる。昨今わが国では「優れた能力を伸ばす」という趣旨の下，課外学習プログラムが実施されることもある。しかし参加者がその場で楽しいと感じる効果はあっても，成果発表等で通常学級での学習と連携する拡充モデルが基盤にないなら，普段の学習への波及効果はあまり期待できない。

B) 狭義と広義の才能教育

早修と拡充を関連させて，筆者による次のような観点からの区別が，わが国の才能教育を考える際に概念整理の枠組みとして有用である。

①狭義の才能教育：多様な才能を公式の方法で識別して，一部の子どもを対象に特別プログラムを実施する。(全ての早修と，才能児対象の拡充)

②広義の才能教育：才能を公式に識別せずに，全ての子どもを対象に，個人の得意・興味を伸ばして活かす指導・学習を行う。(才能児

に限定しない拡充）

　狭義の才能教育では，特別プログラムに対象者（プログラムごとに数％以下）を選抜するのに対し，広義の才能教育では，通常学級をベースに全ての子どもの得意・興味を活かして学習の個性化を行う。日本では，才能教育および2E教育を検討する際に，才能に対応するプログラムは狭義なのか広義なのかを確認すれば，概念・議論の混乱を避けられる。

2　2Eの概念と識別

（1）障害と才能は隠し合うという認識

　2EはGLDまたはGTLD，GT/LD（gifted and talented with learning disabilities）とも呼ばれる。含まれる障害種を明確にしてLD（SLD）に限定する場合もあるが，学習困難（learning difficulties）としてADHD，ASD，情緒障害も含まれる。

　2E児のこれらの障害と才能は互いに隠し合うため，才能あるいは障害は教師に気づかれにくい（第3章参照）。そのため大学以降になって初めて障害が診断されることもあり，その中には2Eの大人も多くいる。最近アメリカでも，教師がこのことを認識すべきことが重要視されるようになり，2E教育関係者の「全米2E実践協議会」が2014年に2E教育の指針をまとめた。

　そこでは，2Eの個人の才能と障害の両者が互いに隠し合い，どちらも認識・対処されないこともあり，2E児には以下のものが必要であることが指摘された。①才能と障害が隠し合うことを考慮した特別な識別方法。②子どもの興味・才能を伸ばしながら学習ニーズに応じる拡充・早修の教育の機会。③子どもの優れた学業と，合理的配慮，治療的介入，専門的指導などの社会・情緒的福祉を同時に保障する支援（詳しくは松村，2016参照）。

　以上の2E教育の新しい捉え方によって，広義の2E（第1章参照）すなわち障害と才能のいずれかが隠れており高い「困り感」をもつ子どもを2E教育の対象に含めることができ，教師の注意を促す契機となる。

日本でも発達障害の診断のある高知能（IQ）・高学力児が，典型的な（狭義の）2Eだとイメージされやすい。しかし柔軟な考え方を用いることによって，才能や障害が見落とされて適正に対応されない2E児を減らして，広義の2E児のニーズにも対応することができる。意外と多い2E児の二重の特別支援ニーズに教師が気づくことが，さらに進んだ支援への足掛かりとなるだろう。そのために，才能教育にも精通した教師の優れた観察眼を養うことは重要である。

（2）2Eの識別

A）三段階支援モデルのRtI/MTSS

　2E児の障害面としてLDの診断について，アメリカでは近年，「RtI」（response to intervention：介入への反応）あるいは「MTSS」（multi-tiered system of supports：多層支援システム，RtIと社会的問題行動に対処するPBIS［ポジティブな行動的介入・支援］が統合）という識別・支援の3段階モデルを用いる州が多くなった（松村，2016）。RtI/MTSSでは，小学校入学後，全児童のスクリーニング（選別）から3段階で対象者を次第に絞り，障害の診断がなくても通常学級で介入を開始して，障害のニーズに早期に応じようとする。

　障害に応じるRtI/MTSSが広まる一方，それと並行して才能児や2E児を指導しながら才能を識別して，進んだ学習ニーズにも3段階で対応するRtI/MTSSモデルが，コロラド州等いくつかの州で実施されるようになった。

B）包括的アセスメントの必要性の認識

　才能に応じるRtI/MTSSを実施する州では，障害と才能の両方のニーズが明確に表れ認識される2E児には，幸運なら早期から両方に別個に対応する措置が行われる。しかし，2E児の才能や障害が隠れて平均的に見えると，それへの介入は不要だと見なされ，2Eへの対応は不十分になる。そこで，才能・障害特性について，多面的な場と人による多種の評価方法を複合させた「包括的アセスメント」が必要になる（第1章2参照）。

　その実施のために，教育・医療関係者による専門チームが，知能・能力検査を始め学力テスト・学習成果・教師の観察など，多様な才能評価方法を用いる。教科ごとに表れた「才能の三輪概念」（本章1参照）の学力，創造性，熱中（課題

への傾倒）が才能識別の手掛かりになり，子どもが熱中する姿からも隠れた学力や創造性に気づくことができる。

2E教育プログラムのための包括的アセスメントでは，障害・才能の公式の診断・識別がなくても，独特のニーズ（才能・障害特性による困り感）が高いと教師が認識した生徒を含む場合が増えてきた。とくに公立学校では従来はLDかADHDの診断が必須であったが，ASDへの社会情緒的支援の必要性も認識が高まり，ASD等が未診断でも情緒障害の診断や学校不適応への支援が必要と教育的に判断されれば支援を受けることもある。

3　2E教育の実践方法

（1）公立学校での2E教育プログラム

アメリカでの狭義の2E教育プログラムは，1980年代初頭にニューヨーク州ウェストチェスター（Westchester）郡で開始され，1987年にメリーランド州モンゴメリー（Montgomery）郡が続いた。その後同様のプログラムが全国数カ所以上の地域の公立学校区で開始され，現在も実施が継続されている所もあるが，全国的に多くの地域には広まっていない。才能教育の実施は州や学校区の義務ではない上に，教育行政の障害と才能の担当部署が別々になり，一人の子どもに二重の特別予算が必要となって，優先度が低くなるためである。

（2）モンゴメリー郡公立学校（MCPS）の2E教育プログラム

現在，州の省令や学校区の指針，担当部署などが整備された教育行政システムがあり，才能・障害への対応が統合された2E教育を実施している数少ない地方自治体の代表例が，メリーランド州モンゴメリー郡である（2EはGT/LDと呼ばれるが，ここでは簡略化のため2Eと表記する）。同郡の教育行政は「モンゴメリー郡公立学校（教育委員会）」（Montgomery County Public Schools：MCPS）が担っている。MCPSの2E教育は，才能教育の担当部署が担い，2E児の適切なプログラム参加について，教師・親への相談・助言を行う。

（なお以下，小学校：1〜5，中学校：6〜8，高校：9〜12学年である。）

A）2Eの識別

2E（GT/LD）児は，知的才能（高い知能・学力）等の才能とLDやADHDを併せもつ者とされる。知的才能の識別は，知能テストのいずれかの指標で120以上が基準となる。才能アセスメントでよく使われる多様な才能の指標も考慮される。たいていの2E児は障害の診断と合理的配慮を受ける権利をもち，特別教育の対象となる。しかし医学的診断がなくても，専門チームがニーズが高いと「教育的診断」を行えば，2Eプログラムの対象となる場合もある。

2E児（傾向含め教師の判断による）は集団全体の約2％だと見積もられた（第1章1参照）のは，このMCPSのデータに基づく。識別・診断された2E児は2〜12学年全体で，全児童生徒約16万人中2,000名以上（2018年時点）なので，未識別・未診断の者を含めると，確かに2％近くになる。

B）多様な才能・2E教育プログラム

2E児は，才能児や2E児向けの多様なプログラムの中から適合する場に参加する。通常学級や通級指導，あるいは学校独自のプログラムで，拡充や早修の機会が提供されている。これらのプログラムには，2E児も十分な学力と興味があれば適合する。

以下は，とくに2E児に適合すると見なされるプログラムの例である。

①**ウィングズ・メンタープログラム**（WINGS Mentor Program）

小中高の2E児を対象に，在籍校で実施される。2E児に一対一でメンター（地域の指導者）を割り当てて週1回で8〜10週，興味のある得意な分野の拡充学習を指導する。

②**拡充学習センター**（Centers for Enriched Studies）（4〜5学年）

小学校の才能児を対象に，拠点校への通級によって，教科や複合教科の授業で拡充学習が行われる。2E児はそのうち約6％を占める。

③**2E教室**（GT/LDプログラム）（2〜12学年）

在籍校や通級での才能プログラムではニーズに応じられない2E児を対象に，「GT/LDプログラム」という（ここでは2E教室と呼ぶ）特別学級が小中高の拠点校に開設されている。才能と障害に同時に対応する「統合的な」2E教育プログラムを提供する。2E教室は，1987年の開設以来，他の州や国（例えばカナ

ダ・バンクーバー市：松村，2015）のモデルにもなった。ただし，これだけが2E教育の典型ではなく多様な方策の一つだと理解すべきである。2E教室での学習活動は，得意分野では高度な課題に挑戦して，苦手な領域は合理的配慮を行いながら学習の改善を図る。そのために各自の特性に応じて，視覚，聴覚，触覚，体の動きなど多様な感覚（multisensory）を活用する学習材を利用する。小学校では児童は，たいていの時間2E教室で過ごし，科目ごとに適切な時期になれば，通常学級で支援員が付いて授業を受ける。中学校では，2E教室で個人の学習ニーズに応じて英語や数学の進んだ内容の学習を行う。しだいに通常学級での時間を増やし，在籍校の通常学級で授業や才能教育プログラムに加われるようになるのを目標とする。

C）2E教育の指導・学習方法

MCPSでは他の地域の2E教育プログラムと共通して，個人の得意な領域・方法に応じて学習を個別化・個性化する。通常の指導・学習の代替の方法として，学習集団編成（少人数など）や教材（視覚化，ICTなど），学習の進め方（学習ペースや順序の個別化など），学習成果の発表方法を工夫する，といった実践がなされる。また個人のニーズに応じて，科目ごとの早修や拡充の学習活動が行われる。サマーキャンプなど，2E児が参加するのにふさわしい才能・2E児向けの校外の拡充プログラムも開催される。

（3）発達障害児対象の小規模私立学校

アメリカで最近，発達障害（とくにLD）児対象に特化した小規模（生徒は数十名から200名程度）の私立学校（小中高）が，全国各地に数十校以上創設されるようになった。大学進学を視野に入れて，高卒資格を得られるように指導・支援する。こういう学校が増えたのは，公立学校の対応に不満な裕福な家庭の親が要望してきたため，という事情もある。

発達障害児対象の私立学校は，入学時に障害の診断を厳格に要求する一方，才能識別を必要条件としないので，子どもは高知能・高学力であるとは限らない。しかし発達障害児のいくらかの子どもは広義・狭義の2Eであるため，個人のニーズに応じるなら2E教育も行われることになる。ワシントンDCの「キン

グズベリ・デイスクール」(Kingsbury Day School：小中高，生徒数約200名）では，高知能の2E生徒（十数名）のために通級指導教室「GTLDプログラム」を開設している。学校全体の広義の2E教育の中に狭義の2E教育の場がある点がユニークである（松村，2013）。

　これらの学校は，指導方法は基本的に個別または小集団学習であり，概して大規模校に不適応な子どもには，適合した支援を提供する理想的な環境であるとも言える。しかし，学費が高額（年間数万ドル）になり，障害への補助金があっても経済的に平等な学習の機会を提供できない点が大きな問題である。

（4）2E児対象の小規模私立学校・ブリッジズ・アカデミー

A）ブリッジズ・アカデミー（Bridges Academy）の2E教育の趣旨

　同校は，入学時から2E児を集め，高卒・大学進学を目指す学校（4～12学年，全生徒約180名）で，カリフォルニア州ロサンゼルス郊外に1994年に創設された（Sabatino & Wiebe, 2017）。数名の少人数クラスで学習・社会的支援を行い，才能を伸ばせるように「強みを活かした」(strengths-based)プログラムで学習の個別化を行う（Baum et al., 2017）。研究・啓発部門の「2E（研究・研修）センター」も設置されている。

B）生徒の特性とアセスメント

　ブリッジズの生徒は発達障害児が多いが，未診断だが大規模の公立・私立学校では不適応な生徒も受け入れる。一方でほとんどの生徒は知能テストのいずれかの指標が125以上で，学業や芸術の才能を示すことから，診断のある生徒は狭義の2E児であると言える。

　生徒の中には，「不協和感のある才能（GDF）児」（第1章3，第7章［3］参照）も含まれる（同校2Eセンター所長のバウム（S. M. Baum）との筆者面談による）。GDF児は概念的に2E児とは別集団と見なせるが，支援の働きかけとしては，どちらも二重の特別支援，個性化が必要・有用である。つまり，才能と困難への統合的な学習・社会情緒的支援の方法には共通点が多い。

　生徒の強みを把握するために，「MI（多重知能）」(multiple intelligences)の自己評価尺度をオンラインで利用する。MI理論は従来から才能教育や学習

の個性化で広く活用され，個人が8つの知能（言語・論理数学・音楽・身体運動・空間・対人・内省・博物）のどれが得意かを把握して学習に活かす（Gardner, 1999）。また，バウムらが開発したパーソナリティ等の自己評価ツールを用いる（Baum et al., 2017）。こうして生徒の特性の情報を組織的に収集・分析する。

C）2E教育の方法

生徒の得意・興味や思考（認知・学習）スタイルに適合するように指導方法を個別化させる。以下のような教室での指導・学習のストラテジー（方略）が才能を伸ばして活かす上で有効だという。

①知的環境を創る

生徒の知的ニーズに応えるために，SEMの「拡充三つ組モデル」（本章1参照）で，3種のタイプの拡充を連動させる。（Ⅰ）まず授業の単元の概念を導入する際に，生徒の得意なMIに沿った多様な呈示の仕方で興味を引く。（Ⅱ）次に学習成果を生み出すために必要な本物（現実世界）の問題の探求スキル（例：インタビュー，実験方法）を発達させる。（Ⅲ）そして学習と成果発表の内容・方法（例：地域調査，映像制作）を個性化する。成果発表に対して，専門的な視点から本物のパフォーマンス評価を受ける。

②物理的学習環境を調整する

生徒のMIや学習スタイルに注意して，教室内で生徒が才能を発揮して支援を得られるように環境を整える。多様な感覚を活用した学習を行う。例えば視覚的資料を配備したり，体を動かしやすい工夫をしたりする。聴覚過敏や注意欠如を助けるために，生徒によって静かな空間や聴ける音楽を用意する。

③支援的な情緒的環境を創る

生徒が尊重され受け入れられると感じる支援的（supportive）な教室にするために，小集団の学習仲間で同意できる規則を作って守る。活動の選択肢を多くするために，興味を共有するが異なる種類のMIや才能が混じる「異質才能チーム」が有効である。そこに社会的意識・スキルを高め友だちを作れる実際の状況（例：即興劇，模擬法廷）を設定する。

4 日本の2E教育への示唆

（1）発達多様性のニーズを考慮した学習の個性化

　以上見てきたように，2E教育では，一人の子どもの才能と障害それぞれへの対応，および両者を統合した対応が指導・学習で必要になる。日本では，まず発達障害児についてその才能を重視するところから始めるのが課題となる。さらに才能児についてその障害や困難を認識して配慮するのももう一方の出発点となる。少なくとも義務教育段階では，例えば小学生がコンピューターソフトを扱うスキル学習を行うとき，高度な内容で才能を伸ばす学習プログラムには，以下のような子どもの発達多様性を考慮して公正にアクセスできる体制が望まれる。つまり，才能児には能力・興味に応じて，2E児には集団での社会性の困難に配慮しながら，GDF児には集中や完璧主義が本人や周囲に及ぼす影響に配慮しながら，指導の個別化や学習の個性化を図ることが必要となる。

（2）2E教育に適した学校内外の多様な場

　日本では2E児の学力向上は，幸運にも適合する学校環境にいる少数者を除いて，学校外の塾等の教育産業に頼る場合が多い。しかし，2E児への支援のためには可能な限り公立学校で特別な場が設定されることが理想的である。家庭の経済状況に関係なく，学校での特別プログラムの場が，2E児にとって落ち着ける居場所，楽しい学習の場となることができるからである。

　一方，多様な特性をもつ2E児にとって，学校が必ずしも学習や社会的やり取りの最適の場になるとは限らない。どのように工夫しても学校に不適応を感じる場合は，通常の学校の代替となる場のほうが適切なこともあるだろう。

　今後，急速な社会と学校のあり方の変化の中で，一つには「N高等学校」（実名）のようなネット通信制高校が，不登校や発達多様性のある生徒だけのためではなく，普通の選択肢となる可能性がある（崎谷，2017）。その方向と共鳴するフリースクールでも，有効な教育方法が実証されて活かされるべきである。

　また一つには，アメリカでは選択肢となるが，学校の代わりに家庭で親が学習を指導・支援する「ホームスクーリング」の制度も，法的基盤を伴って支持さ

れるようになることが望まれる。才能児や発達障害児，2E 児の学習を支援する，有効な学習材（教材）と方法が確立されていれば，代替の場となり得る。

　2E 教育の理念を抱いて教師や親が子どもを変えようとする情熱は尊い。しかしむしろ，支援者が障害や才能を指摘して本人を変えようとするのではなく，変わらなくていい，変わってはいけない面を保って，より生きやすくなる環境を提案，整備することを目指す。それが学校でも学校外の教室や家庭でも，2E教育の，また発達多様性のある人々に優しい社会の，より広い理念と言えるだろう。今も困っている 2E 児は，違った環境では楽に才能を発揮できるのだから。

【引用・参考文献】

Baum, S. M., Schader, R. M., & Owen, S. V. (2017) *To be gifted & learning disabled: Strength-based strategies for helping twice-exceptional students with LD, ADHD, ASD, and more* (3rd ed.). Waco, TX: Prufrock Press.

Gardner, H. (1999) *Intelligence reframed: Multiple intelligences for the 21st century*. New York, Basic Books.（松村暢隆訳（2001）MI：個性を活かす多重知能の理論．新曜社.）

松村暢隆（2003）アメリカの才能教育－多様な学習ニーズに応える特別支援．東信堂.

松村暢隆（2013）発達障害生徒の才能を活かす高度な特別支援－アメリカの特別学校キングズベリ校の実践から．関西大学文学論集，63（2），71-94.

松村暢隆（2015）発達障害生徒の才能を活かす大学進学支援の 2E 教育－バンクーバー公立中等学校の GOLD プログラム．関西大学文学論集，65（1），51-82.

松村暢隆（2016）アメリカの 2E 教育の新たな枠組－隠された才能・障害ニーズの識別と支援．関西大学文学論集，66（3），121-149.

Renzulli, J. S. (1995) *Building a bridge between gifted education and total school improvement*. Storrs，CT：NRC/GT.（松村暢隆訳（2001）個性と才能をみつける総合学習モデル．玉川大学出版部.）

Sabatino, C. A. & Wiebe, C. R. (2017) Bridges Academy: A strengths-based model for 2e. In S. B. Kaufman (Ed.) *Twice exceptional: Supporting and educating bright and creative students with learning difficulties*. New York: Oxford University Press, 301-321.

崎谷実穂（2017）ネットの高校，はじめました。－新設校「N 高」の教育革命．角川書店.

＊引用文献については，第 1 章の文献欄の注記を参照。

第3章

学習支援を通しての
社会情緒的支援

小倉正義

1 学習支援と社会情緒的支援の関係

（1）学び方が異なる子どもたちの問題

　2Eの子どもたち（以下，2E児），つまり発達障害と才能を併せもち，二重に特別な支援を要する子どもたちは，「学び方が異なる子どもたち」である。わが国に限らず，学校における学習は，平均的な子どもたちの学びに合わせたシステムの中で行われている部分が大きい。そのために2E児のように学び方が平均から大きく離れている場合には，当然平均的なシステムの中では難しいことが多くなり，個別性の高い支援が必要になる。しかしながら，2E児の存在はそれほど気づかれやすいわけではない。

　学校現場では2E児は，バウム（S. M. Baum）が指摘したように，3つのタイプの難しさに直面していることが多い（Baum & Owen, 2004）。3つのタイプのグループを具体的にイメージしやすいように例を挙げながら，それぞれのグループの学習上の特徴について筆者の見解も入れながら説明する。

A）才能には気づかれるが障害には気づかれない

　行動面でのパフォーマンスが良く，目立つタイプだが，学習面での大きな課題を抱えている場合もある。例えば大学でも，いわゆるペーパーテストや面接では優秀な成績を収めるが，レポートや論文になるとまったく書けない学生がいる。一方で才能が目立っていると，周囲の人たちは「○○ができれば，○○もできるはず」と思ってしまい，レポートができないのは怠惰であると判断しがちである。そのため，本人は注意や励ましを受けることがあっても，なかな

25

か具体的に苦手な部分を解決する方向にたどり着けないことが多い。

　小中学校などでも，図工や美術の自由課題を目の前にして何もすることができなくなってしまい，具体的な方策を教えられないままに長時間過ごしてしまうような，自閉スペクトラム症（ASD）の児童生徒によく出会う。もちろんASDの児童生徒すべてがこのような苦手さをもつわけではないが，「自由に」「何でも書いてもよい」といった課題に苦手さをもつ者は少なくない。何をすればよいか明確な課題では非常に優秀な成績を修めるのに，比較的容易な「自由にしてよい」課題ができないことが理解されず，とにかく「頑張って出すように」という指示しかもらえないこともあるだろう。

　このようなタイプの子どもたちは，才能が目立っているなら，ある程度は才能を伸ばすための支援を学校内外で受ける機会はある。その一方で，苦手な部分についても本人の特性に合わせた適切なサポートが必要となる。

B）障害には気づかれるが才能には気づかれない

　わが国では人数が一番多いかもしれないグループである。苦手なことや問題とされる部分については共通理解が図られ適切な支援は行われるが，才能を伸ばすという視点がないままにされてしまう。学習や行動上の問題が大きい場合には，その傾向はより顕著になりやすい。そのため，本来適切な教え方や学習をすれば才能が伸びるはずなのに，学習しないまま長い時間過ごしてしまうことも多いと思われる。

C）才能にも障害にも気づかれない

　筆者の実感としては，進学校などで比較的受動的な（passive：自分からの働きかけが少なく問題がないように見える）タイプのASDや学習障害（LD），ADHDの不注意タイプの児童生徒に多いと思われる。

　例えば大きな行動上の問題は見られないが，実は対人関係面ではやや課題を抱えており，あまり人と交わらないことで問題を回避していることがある。

　また，学習上も大きな問題がないように見えることもある。しかし，例えば読み書き計算などの基礎的な内容は問題なくこなせるが，文章題や概念理解のところでつまずくといったことが起こりうる。文章題や概念理解は，平均的な

子どもたちにとっても難しいので，周囲の教師たちや親は「みんなそこでつまずくから（だからがんばりなさい）」というメッセージを送ってしまいがちである。しかしながら，定型発達の子どもたちは数をこなすうちにできるが，このタイプの子どもたちは抱える課題が大きいのでなかなかできるようにならない。こうした子どもたちは，「ちょっと気になるがもっと課題を抱えている子どももいる」という認識をされて，十分なサポートが受けられないままに過ごしてきて，中学校に入る頃には深刻な問題に発展していることが多い。

（2）学習支援を通してできる社会情緒的支援

　上述のような3つのグループに代表して見られる出来事が起こっている場合には，子どもたちは自分に対して誤った認識を深めることになる。つまり，できないことに着目して，自己否定的になるといった悪循環が起こってしまう可能性が高い。そして，時には学習に対する意欲や意味を見失い，学校で不適応感を抱え，不登校になってしまう場合もあるだろう。このような悪循環を防ぐための介入としては，「学業面でのつまずきから心理面での問題に至ることへの予防的な介入」（小倉，2018）が重要である。本人の特性に合わせた学習支援を行うことが社会情緒的支援につながることは，2E児にとっても例外ではない。適切な学習支援を行うことは，学力を高め才能を伸ばすという目的だけでなく，自分の得意と不得意を適切に認識し，自己理解を深めていくことにつながり，悪循環を予防したり，そこから抜け出したりするための有効な支援策といえる。

2　認知的個性のアセスメントに基づいた学習支援

（1）認知的個性の包括的なアセスメント

　2E児のアセスメント（評価）の方法については，松村（2016）などに詳しいが，本章では学習支援を通した社会情緒的支援を論ずる側面から，アセスメントから介入までの流れをできる限り具体的に記す。ここでアセスメントとは，個人への介入や支援（この場合は学習支援）を行うために必要な情報を収集し，

苦手な部分だけではなく，得意な部分や情緒的な側面も含めて全体的に評価することを意味する。

このアセスメントから介入までの一連の流れを説明するために，松村ら（2010）が用いた「認知的個性」（cognitive individuality：CI）という言葉を使用する。認知的個性とは，端的に述べれば「認知・学習スタイル，認知処理様式といった概念を包括した概念であり，環境との相互作用のなかで表われた個人差のタイプ」である。学習支援を行う上では，この認知的個性のアセスメントが非常に重要なテーマとなるが，それは必ずしも容易ではない。大きな方向性としては特定の一つの方法でアセスメントを行うのではなく，包括的なアセスメントが重要である。具体的な実施方法としては，アセスメントツールを用いた方法と，介入しながら行動観察をする方法があるだろう。

A）アセスメントツール

基本的には発達障害支援でこれまで有効とされているアセスメントツール（辻井ら，2014など）が，2E児の認知的個性を知るうえでも有効である。知能検査だけでなく，様々なアセスメントツールが開発されてきており，目的によって使い分けることで，様々な認知的側面のアセスメントが可能である（表3-1）。適切なテスト・バッテリー（包括的なアセスメントのために複数のアセスメントツールを組み合わせて実施すること）を組み，子どもの認知的個性について仮説を立て，次に述べる介入しながらのアセスメントを行うことで，一人一人の認知的個性と適切な支援方法が明らかになってくるだろう。

知能検査のように何らかの作業等を通してアセスメントするだけでなく，本人に自分の得意なことや苦手なこと，認知の仕方や考え方などについて尋ねることも有効である。本人の得意なことや苦手なことについて知るための方法として，MI（多重知能）理論（第2章3参照）に基づいた質問紙も考案されている（松村，2011）。本人からの報告では，子どもの自己認識が反映される。もちろん子どもの自己認識は主観的なものであり，必ずしも認知的個性のすべての側面を表しているわけではない。しかし，認知には本人に尋ねてみないとわからない側面があることや，子どもが自分の認知的個性について知り，考えるためのきっかけとしやすいことから，自己認識を把握することは有効である。また，

学習支援を通しての社会情緒的支援　第3章

表3-1　認知的個性のための代表的なアセスメントツール

知能検査	ウェクスラー式知能検査，田中ビネー知能検査など
発達検査	新版K式発達検査，日本版ベイリーⅢ乳幼児発達検査など
認知機能検査	K-ABCⅡ，DN-CASなど
その他	LDI-R，教研式標準学力検査NRT，音読検査，PVT-R絵画語い発達検査など

知能検査などのアセスメントツールで得られた結果を本人にフィードバックしながら，自己認識についても把握することで，妥当な自己評価を行うことができ，学習へのモチベーションや自尊感情の向上につなげることが可能となる。

B）介入しながらの行動観察

　2E児に限らず，学習支援を行うためのアセスメントでは介入しながらの行動観察が非常に重要である。アセスメントツールから得られる情報量と比較しても，日常の学習をしている際の行動観察などから得られる情報量は多い。対象となる子どもの学習の様子を幅広く知ることと言い換えてもよいだろう。

　例えば，漢字を覚える際には，よく反復練習をするように勧められる。しかしながら，反復練習に非常に時間がかかってしまい，何時間もかけているのにまったく覚えられない子どももいる。そのような場合は「書いて覚える」という作業が苦手であり，その子どもにとって反復練習が漢字を覚えるためには有効な手段でないことがわかる。漢字の反復練習が本人に合っていないと感じているのに反復練習を続ければ，勉強をやらなくなってしまうかもしれない。しかし，タブレット学習や語呂合わせなどの別の方法を試していくことで本人に合った方法が見つかり，その子どもの可能性を伸ばすことにつながるだろう。この介入しながらの行動観察を行う際には，いわゆるPDCA（Plan-Do-Check-Action）のサイクルを意識するとわかりやすいだろう。具体的な流れを図3-1で示した。

　このような行動観察の流れは，学習支援をしていると特別なことではないように感じられるかもしれないが，この特別ではない出来事への気づきを日常の

中で蓄積し情報として整理することが，子どもの認知的個性を知ることにつながる。一つの出来事では全体的な特徴はつかみにくくても，いくつもの情報が積み上がることで，子どもの認知的個性の全体像と介入方法が見えてくるのである。

(2) 認知的個性を活かした支援を行うために

認知的個性のバリエーションは実に様々だが，得意を活かす指導として，下記の分類で支援の方向性を示す。ここでは得意なことや認知のタイプ別に，主に得意を活かした支援方法について述べる。なお，以下の得意や認知のタイプは，はっきりと分かれるものではなく重なっていることもあることに留意してほしい。また，自分の認知とは異なる認知の世界は理解しにくい場合が多いので，支援に関わる側は幅広い認知の世界を知ろうとすることも必要であろう。近年，発達障害の人たちの認知の世界を紹介した本（杉山・岡・小倉，2009；岡，2010等）は多数出版されているので参考にしてほしい。

A）聴くことが得意

耳から情報を取り入れることを得意としている。聴覚的な記憶力が優れてい

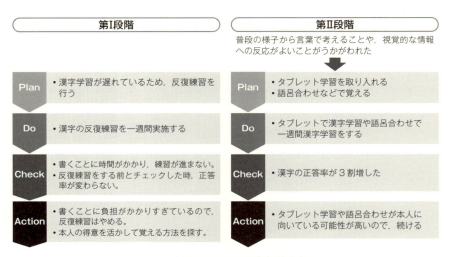

図3-1　介入しながらの行動観察の流れ

るタイプで，普段から見ることよりも聴くことで様々な情報を取り入れている場合が多い。視覚的な情報の処理に非常に苦手さがある場合は，ボイスレコーダーなどで記録をとって，復習するときはその音声を聞きながら学習するとよい。

B) 言葉の理解や言葉で説明することが得意

自分の考えを説明したり，情報を覚えたりするために話をすることを好む。学んだことを誰かに説明することで理解が深まっていくタイプなので，できるだけ本人が興味のあることをディスカッションする機会を増やすことが大切である。

C) 視ることが得意

情報を理解したり覚えたりするために図や絵，写真など目に見えるものがあることを好む。物事を覚える際には視覚的にイメージできるかどうかが大切になってくるので，マインドマップなどの考えや概念を視覚化する方法が有効な場合がある。

D) 動きや触覚などの感覚を使って覚えるのが得意

様々なタイプがあるが，例えばADHDの子どもたちには動きながら（何か刺激を入れながら）学ぶほうが向いている場合が多い。この場合は，じっとしていることに集中させるのではなく，身体を動かしながら学べる環境を整えてあげたほうがよい。また，理屈で説明されるよりも実際に触ったり感覚で味わったりすることによって実感が持てるタイプの人もいる。そのような場合は，言葉で説明するのではなく，本人の得意な感覚を使って経験することが大切である。

E) 同時処理的な認知のタイプ

順番に一つずつ理解するより，全体的なイメージをもつほうを好む。視ることが得意な人に多い。学ぶ目的や全体像を見てわかるように示すことが大切である。

F）継次処理的な認知のタイプ

前のステップから論理的に次のステップに移るような順序立てた情報を好む。単純に言えば，一つずつ積み上げていくような形での理解ができるように，情報を順番に提示していくことなどが大切である。

（3）ライフステージ別での支援のポイント

ここでは，ライフステージ別に起こりがちな学習上の困難さと社会情緒的支援にもつながる学習支援の方向性についてまとめておく。

A）幼稚園・保育所

幼稚園・保育所では，いわゆる教科学習は始まっていないが，就学までの間にすでにつまずきがみられる場合もある。この頃から本人の特性をふまえて支援を始めることは非常に有効である。例えば，ワーキングメモリ（作業記憶）が非常に小さい子どもは，一度にいろいろと指示を出されるとわからなくなってしまう場合も少なくない。指示を短めに，できるだけそばで出すようにしてあげるだけで動きやすくなることもあるだろう。また，読み書きの苦手な子どもたちの中には，幼稚園や保育所の頃から，文字への興味が少なく，親が焦りを感じている場合もある。文字への興味をもちにくい場合は，無理に読み書きをさせるのではなく，例えば図鑑が好きだったら図鑑を見ているときに文字に触れる機会を増やすなど，本人が興味をもてるところから，体験的に言葉と触れる機会を増やし，知識を伸ばしていくことを優先させた方がよい。

B）小学校

小学校に入ると，得意と苦手の差の大きい子どもたちは，一斉授業の中での学びに困難さを抱えることが多い。例えば，ひらがなの読み書きが難しい場合，親も教師も何とかひらがなが書けるようになるための支援に注目が行きがちである。そのために，子どもが身体を動かすことが得意だったり，ある分野の興味や知識が非常に深かったりする場合でも，気づいていながら「できることは放っておいても大丈夫」と思ってしまいがちである。しかし苦手なことと同じくらい時間をかけて，その子の得意なところを伸ばすように留意してほしい。

学習支援を通しての社会情緒的支援 | 第3章

その上で，ひらがなの読み書きについても本人のペースと認知的個性に合わせて指導することが望まれる。学び方が異なる子どもたちには「あなたは頑張っていないわけではなくて，他の子どもたちとはペースや学び方が違う。あなたはあなたのペースで大丈夫」と繰り返し伝え，粘り強く学習を行うことが大切である。

C）中学校

中学校に入ると，小学校からの蓄積もあり，できない体験を繰り返してすでに学習を失ってなってしまっているなど，問題が非常に複雑化しており，「自分はどうせやってもダメ」と自分の可能性を否定してしまっている子どもも少なくない。このような場合には，まずは「勉強したことが点数に反映される」という経験ができるように，目標を一つに絞って学習することも一つの方法であろう。定期試験が新しく始まって学習のプランニング（定期試験の対策のために何日か前からどのくらい勉強すればよいかを考えることなど）につまずく子どももいるので注意が必要である。また，才能や興味を深めるために，部活や職業体験などで地域の資源を有効に活用することで（例えばパティシエやプログラマーなど，学校では会えない人物に協力を願うことなど），子どもたちの様々な興味に応える体制を作っていくことも求められる。

D）高等学校

高校での支援については第5章［1］で詳しく述べるが，入学する前に学力試験が行われることが多いため，中学校と比較すると，同じ学校内での個人間の学力差は少なく，学校間での違いは大きいと考えられる。しかし，だからこそ同じ学校内では周囲のみんな同じと考えられがちで，見えにくくなっている支援ニーズもあることに留意して進路先を見据えた支援が必要になる。

E）大学や専門学校

大学や専門学校では，近年日本でも障害学生支援室が設置されてきており，そこで発達障害学生も支援が行われるようになってきた。しかしながら，才能を伸ばすという支援では今後一層の支援の充実が求められる。専門分野では非

常に才能を持っていたとしても，履修上のミスやトラブル，提出期限が守れない，グループでの学習上の困難さ，教員とのコミュニケーションの難しさなどが原因で，才能を十分に活かしきれないままにいることもあることに留意する必要がある。

F）社会に出た後で

　2Eの人たちがその才能を活かし続けるためには，社会に出た後も企業側が彼らの特性を理解していることが重要である。基本的に支援の方向性として，本人が生活や仕事に必要なスキルを身につけること，自分が困ったことを適切な形で発信していくスキルを身につけることだけでなく，周囲が適切な理解をしていくことが必要である。

　周囲の適切な理解を広めるという点で，筆者が開発に携わった，企業が本人への理解を深めるための学習アプリについて紹介する。この「定着！はったつさん」というeラーニングアプリは，会社の中で発達障害の人たちが直面しそうな状況を様々に想定し，具体的な対応方法を企業側が学習することを目的としている（詳しくは株式会社トラインのホームページ（http://www.trein.jp/hattatusan/）を参照してほしい）。

　そこでは，具体的な人物像がイメージしやすいように，3タイプのキャラクター（のんびりさん，せかせかくん，ふしぎさん）を準備している。キャラクターのタイプは，例えば図3-2のように，いくつかの認知の特性を併せもち，具

図3-2　具体的な人物像の例（のんびりさんタイプ）

体的にイメージしやすいように工夫されている。

　企業側の理解が深まることによって2Eの人たちも長く仕事を続けることができ，その才能を活かすことにつながると考えられる。

3　まとめにかえて —— 学びの多様性を保障すること

　認知的「個性」と言うだけに，認知的個性は人の数だけある。ある認知的個性が比較的よく見かけられるものであれば，その個性は理解されやすいし，集団の中で学習を進めていきやすい。しかしながら，他のマイノリティがそうであるように，独特なタイプの認知的個性をもつ2E児もマイノリティであるため，周囲から理解も得られにくいし，一般の集団の中での学習はうまくいかず，本来伸ばすべき才能が埋もれてしまうことにもなりかねない。学びの多様性を保障することは，つまりそのようなマイノリティの存在を認識し，理解し，必要な学びの場を提供するように社会が努力することだと考えている。

【引用・参考文献】

Baum, S. M. & Owen, S. V. (2004) *To be gifted & learning disabled: Strategies for helping bright students with LD, ADHD, and more.* Mansfield Center, CT: Creative Learning Press.

小倉正義（2018）　第Ⅳ部学校心理臨床の実践的展開①予防啓発的な活動　第1章学校心理臨床における予防啓発的活動．　森田美弥子・松本真理子・金井篤子（監），窪田由紀・平石賢二（編），心の専門家養成講座⑦学校心理臨床実践．ナカニシヤ出版，101-107.

松村暢隆・石川裕之・佐野亮子・小倉正義（編）（2010）認知的個性－違いが活きる学びと支援．新曜社.

松村暢隆（2011）中学生の異学年合同総合学習に活かすMI（多重知能）－クラスター編成資料となる自己評定尺度の開発．個性化教育研究，3，12-20.

松村暢隆（2016）アメリカの2E教育の新たな枠組－隠された才能・障害ニーズの識別と支援．関西大学文学論集，66（3），121-149.

岡南（2010）　天才と発達障害－映像思考のガウディと相貌失認のルイス・キャロル．講談社.

杉山登志郎・岡南・小倉正義（2009）　ギフテッド－天才の育て方．学研教育出版.

辻井正次・明翫光宜・松本かおり・染木史緒・伊藤大幸（編）（2014）　発達障害児者支援とアセスメントのガイドライン．金子書房.

第4章 小学校で発達障害児の才能を伸ばす

1 「才能を伸ばす」指導・支援の施策

吉原　勝

1 はじめに —— 強みを活かす特別支援教育への取り組み

　近年，学校現場では，発達障害やその傾向があり，学習面や行動面に配慮の必要な児童生徒が多くなってきた。これらの児童生徒について学校教育では，様々な特別支援教育が行われている。特に通常学級に在籍している児童生徒の困難さを改善するために，特別支援の専門的な学習形態として情緒障害通級指導教室が設置され，一定の成果をあげている。一方，これらの児童生徒には困難さだけでなく昆虫博士と言われるように特定な分野に優れた才能のあるケースもある。しかし，学校現場では，困難さから起きる問題行動など改善のための指導が多いように感じる。

　私が出会った児童生徒のなかには，学校集団では問題行動や困難さがみられるが習い事や自分の興味のある集団では問題行動がみられず，生き生きと活動しているケースも多くみられた。このような経験から障害特性の弱みだけでなく強みを活かすことが自己肯定感を高め，二次障害への予防に有効であると考えられる。このように強みを活かす特別支援教育が，横浜市で実践されている。本章では，横浜市の発達障害のある児童（以下，発達障害児と表記）への特別支援教育の取り組みについて紹介する。

第4章 小学校で発達障害児の才能を伸ばす

2 才能を伸ばすことの教育制度上の問題

　才能に特化した教育は，現行の制度上では可能なのだろうか。学校教育法第72条から第82条（第8章　特別支援教育）の特別支援教育の目的は，「障害による学習上又は生活上の困難を克服し自立を図るために必要な知識技能を授けること」とされている。また，通級指導教室は，平成5年文部省告示第7号（平成5年1月28日）において「障害に応じた特別の指導とは，障害の状態の改善又は克服を目的とする指導とする。ただし，特に必要があるときは，障害の状態に応じて各教科の内容を補充するための特別の指導を含むものとする」とされている（文部省，1993）。ここで注意しなければならないのは，「各教科の内容を補充するための特別の指導」（以下，各教科の補充指導）である。例えば，言語障害のために，遅れをきたしている国語の指導を行うのが「各教科の補充指導」であり，それとは直接関係のない算数の遅れの指導行うのは，これに該当しないということである（文部省，1993）。一方，教科学習をより進めるための教科の指導は認められない。すなわち，現在の公教育では，あくまでも障害の状態の改善又は克服を目的とする指導であり才能を伸ばす特別支援教育では制度上できないことになる。

　横浜市では，2014年12月に第2期横浜市教育振興計画の施策5・特別なニーズに対応した教育の推進で，「児童生徒の一人ひとりのニーズに適切に対応し，全ての教員が障害特性を理解し，児童生徒の得意なことを引き出し，才能を伸ばす指導・支援を行うための具体的な支援策を検討」することになった。

　横浜の才能を伸ばす教育は，文部科学省のいう「特に優れた能力を持つ子供たちの力をさらに伸ばす教育」（第1章参照），すなわち「優れた能力」に特化して伸ばす教育ではない。児童生徒の優れた能力が，障害などの障壁のため発揮されないと考え，その障壁を得意なことを通して克服することをねらっている。そして，通常の教育課程の枠組みのなかで工夫しながら2E教育の考え方を取り入れて研究を行っている。「障害や配慮の必要な児童生徒の得意・興味，広い意味での才能（強み）と苦手（弱み）の両側面からの教育をバランスよく行う」という2E教育の理念に立っていることが特徴である。

3 発達障害児の才能を伸ばす教育実践の理念

　特別支援教育では，制度上，障害の状態の改善又は克服を目的とする指導になる。そこでは，児童生徒自身や発達障害の特性（認知的な偏り）から起きる困難さや問題となる行動に対して，認知的な偏りの改善を目標に，認知的に弱い部分に焦点をあてた自立活動の指導が行われている。すなわち，苦手なことを克服したり，困難さの原因となる障壁を取り除いたりして成功体験を多くして自己肯定感の向上を目的とする指導である。しかし，苦手（弱さ）を克服するために本人に適合しない指導方法では，効果が現れるまでに時間がかかる場合もある。また，一生懸命に努力しても，なかなか効果が現れず，逆に自己肯定感が低下するケースもある。

　それらのことを改善するために横浜では，得意なこと（広い意味での才能）を引き出す題材で指導することが行われている。それによって児童生徒は意欲的に学習に参加でき，成功体験が多くなる。すると，発達障害児では弱いと言われている自己肯定感や「レジリエンス」（折れない心）の力が強くなる。その結果，困難なことや苦手な教科にチャレンジするといったプラスの行動へ転換できるようになると考えられる。また，得意なことであるため，効果が現れるま

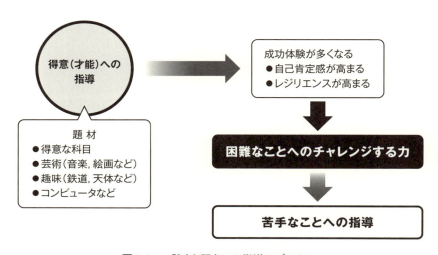

図4-1-1　強さと弱さへの指導のプロセス

での時間も短いという利点がある。

　つまり，今までの特別支援教育で行われてきた弱さを直接指導するプロセスから，強さを指導することによって，自己肯定感やレジリエンスをより高めてから苦手（弱さ）への指導を行うというプロセスになる（図4-1-1）。

　2E教育は，広義と狭義の2つに大きく分けられる（第1章4参照）。すると，横浜での学校教育における発達障害児の才能を伸ばす教育を，次のように捉えることができる。

・広義：障害のある児童生徒の得意（広義の才能）をみつけ，伸ばしていく教
　　　　育とし，すべての児童生徒が対象となる。
・狭義：障害のある児童生徒の知性，創造性，あるいは特定の学術分野におけ
　　　　る才能をみつけ，伸ばしていく教育とし，特定の児童生徒が対象とな
　　　　る。

　広義の2E教育については，2016年度の実践研究として「発達障害の子どもへの通級による指導のあり方研究事業」がはじまった。この事業では，通級指導教室の教育環境の充実に向けた取り組みとして「情緒障害・LD・ADHD」の通級指導教室において，発達障害のある児童生徒の一人ひとりのニーズに適切に対応した才能教育の在り方と指導プログラムについての実践研究を行っている。一方，狭義の2E教育については，発達障害などにより学校生活への適応が困難であるが，特定の分野で特に優れた才能のある子どもたちの個性を引き出し，才能を伸ばすことで，自己肯定感と日常生活での適応力を高め，自分らしく心豊かに生活できるようなることを目的に，2017年度から指導内容に関する研究が行われている（本章［2］参照）。

4　実践校での取り組み

　「才能を伸ばす教育」というと一般に，特定の分野で特に優れたことを指導するところだけが強くイメージされると思われる。しかし，実際にアメリカで行われている2E教育（第2章参照）では，学校の教師だけでなく，才能教育の専

門家（gifted education specialist），特別（支援）教育の専門家（special education specialist），学校心理士，カウンセラー，作業療法士，理学療法士，行動療法士（behavior specialist）などの専門家による共同のグループで指導が行われ，保護者との連携も重要であると言われている（Trail, 2011）。このように，2E教育は，才能教育の専門家だけでなく，いろいろな専門家と連携しながら総合的に育てていくことであり，才能だけに特化していないことがわかる。このことは，横浜で行われている情緒障害通級指導教室の教育と共通点がみられる。例えば，担任と通級指導教室担当者（特別支援教育）との連携，専門家（医療，作業療法士，臨床心理士など）との連携である。

2016年度の小学校の実践校では，2E教育，個別指導（LDの指導），心の健康を実践目標に，各専門家と連携して研究を進めた。心の健康は，友人との関係づくりに必要な社会的スキルの発達，ストレスなどの影響から起こりうる不安，うつなどの感情をケアするためにも重要なものである。また，2E教育で重要な「高度な思考活動」は，継続的な学習形態でなく，興味や能力の同じ仲間と一緒に学ぶ機会も設け，「サマースクール」という学習形態で試行された（本章［3］参照）。

一人ひとりの得意な部分を発見するには，MI（多重知能）理論の8つの知能（第2章3参照）を利用することも一つの題材設定の目安になる。

5 今後の2E教育実践の課題

日本の特別支援教育においては制度上，才能に特化した教育は難しい。しかし，障害の状態の改善又は克服を目的とする指導であれば可能である。現状では，発達障害児は，特に情緒障害通級指導教室に通う児童生徒は，小さいころから叱られることや失敗経験が多い。そのため，現状の指導目的でも，成功体験を多くし，自己肯定感を高めることが重視されている。横浜市の才能を伸ばす教育の根底には，得意なことを伸ばすことがまず自己肯定感を高め，苦手なところを克服するための原動力となると捉えられているという理念がある。そして，その結果，実際に特定の才能が伸びることにつながればよいという理想がある。先行研究では，小学生を対象に，まず自分が持っている力，強みを認

識させるというプロセスを経て，学校やストレスに対処するための問題解決スキルを教える心理教育プロセスが実施され，効果を上げた。スキルを身につけさせるためには，自己の特性に注目し，意識することが土台となることがわかる（McCreary et al., 2011）。

　発達障害のある児童生徒で困難さから生じる問題行動がなく，特異な才能がある場合には，文部科学省で行われている，①大学の飛び入学，②スーパーサイエンスハイスクール，③スーパーグローバルハイスクール，④スーパー・プロフェッショナル・ハイスクールなどの，特に優れた能力を持つ子どもたちの力をさらに伸ばす教育が可能であると思われる。

　情緒障害通級指導教室で才能を伸ばす教育を行う場合のポイントとしては，次のような総合的な指導が重要だと考えられる。

○通級指導教室の担当者とクラス担任
　・共同で才能のある児童生徒のアセスメントデータの分析やカリキュラム作成を共同で行う。
　・共同で学習面を分析し，2E のカリキュラムを作成。
　・児童生徒が成功するための根拠となる方法を考える。強みや興味に焦点を当てる。

○学校心理士，カウンセラー，その他の専門家
　・児童生徒の社会的スキルの向上。
　・不安，ストレス，うつなどや感情の様子や対処についての支援

○作業療法士，理学療法士
　・運動面，感覚統合，および書字障害サポート

○学校と家庭の連携
　・教師と保護者で，児童生徒の特に強みの部分への支援方法の共有を図る。

　横浜市の取り組みは，2017年度から狭義の2E教育の実践研究（本章 [2] 参

照）が始まったところで，まだ研究の途中である。今後は，興味・得意を共有する児童生徒の学習探求集団（クラスター）をどのように形成していくか，あるいは具体的な指導方法など，様々な課題について検討することが必要になってくると思われる。

【引用・参考文献】

McCreary, M. L., Young, J. J., Jones, M. Y., et al. (2011) Project IMPPACT: A psycho-educational problem-solving intervention for children. *Journal of Instructional Psychology*, 38, 124-131.

文部省（1993）通級による指導の手引. 第一法規出版.

Trail, B. A. (2011) *Twice-exceptional gifted children: Understanding, teaching, and counseling gifted students.* Waco, TX: Prufrock Press.

小学校で発達障害児の才能を伸ばす 第4章

2 通級指導で才能を伸ばす

岡田克己

1 横浜市における新たな指導拠点「コラボ教室」の開設

（1）新たな指導拠点の開設

　横浜市は，2017年度より「適応困難な子どもの才能を伸ばす教育事業」における新たな指導拠点「通級型指導教室コラボ教室」を小学校に開設した。同年4月から対象児童を受け入れるための教室環境整備を行うとともに対象児童の選定を行い，9月から本格的に指導を開始した。

（2）コラボ教室の目的

　発達障害などにより学校生活への適応が困難である一方，特定の分野で特に優れた能力をもつ子どもたちに対し，障害による学習上や生活上の困難の改善・克服を目指す従来の自立活動の指導の視点に加え，子どもたちの高い興味関心や能力を活かす教育という新たな視点に立つ。

　本教室は，発達障害等のある子どもの強み（好き・得意）を活かす指導・支援を行うことで，子どもたち一人一人が自尊感情を高め，自分らしく心豊かに日常生活に適応して，社会に貢献できる自己の実現を目指すという理念に基づく。①子どもが主体的に行う研究（ラボ：研究室），②個のニーズ・願いを叶える研究，③専門家とのコラボレーションというコンセプトをもつため，名称を「コラボ教室」とした。

2 コラボ教室の理念と指導形態

（1）対象児童

　対象児童の選定は，教育委員会事務局が行った。横浜市特別支援教育総合センターへの相談歴のある者のうち，通常の学級の学習や生活に十分に適応できる能力があると考えられるにもかかわらず，学級集団を中心とする社会生活への適応に困難がある者である。その中から，保護者と在籍校が共通理解をして，本事業による教育的ニーズに合致すると考えられる小学3〜5年生を対象として選定した。その後，児童，保護者，在籍校校長へ本事業の説明をして研究協力依頼を行い，同意を得た。

　第1期生は小学3年3名，4年3名，5年5名の11名であった。全児童のIQの値による知能評価の基準は，平均の上から平均より非常に高いまでの範囲にある。また，WISC-IV（個別式知能検査）の指標・下位検査の個人内差が大きく，このことが生きづらさや学校適応困難の一因となっている。行動特性としては，以下のような強みと適応困難を併せもつ児童である。

・A児は，算数が大好きで計算処理能力に長けている。もっとレベルの高い算数の問題に挑戦したいと思っている。友達とのかかわりをうまくもてず，口論や喧嘩になりがちなことから，学校生活上のストレスをため込んでいる。

・B児は，プログラミング学習に高い興味・関心をもち，家庭で自主的に学んでいるが，集団での活動に参加することが難しく，学校を怖がり，保護者の付き添いにより登校している。

・C児は，電車やバスが大好きで，路線図や時刻表の把握に優れているが，友達との対人コミュニケーションに課題を抱え，学校での対人トラブルがある。

（2）指導の三本柱と三つの指導形態

　コラボ教室では，個のニーズに応じながら上記の教室理念に沿った教育を行

うため,「専門分野」「社会性」「自己理解」の3つを柱に指導を構成する。また,各児童に対して,「通級型指導(週1回2時間)」「巡回型指導(2週に1回2時間)」「専門分野の特別指導(年15回程度)」の三つの指導形態を併用して,指導を展開する。

①通級型指導

強み(好き・得意)が共通する児童を同一グループとして構成し,指導にあたる。このことで,話題を共有したり,共通の興味関心等に基づく学習活動を計画したりして,学習意欲を最大限に高め,活動に取り組むことができる(図4-2-1)。さらに「専門分野の特別指導」の学びとの連続性をもたせ,相互に助言や評価をし合ったり協働して活動に取り組んだりする機会を意図的に設定する。それによって,子ども同士の関わりの中で自己理解,他者理解に基づくコミュ

〇困ったときに相談する練習
　→「困ったときアドバイス」活動

〇興味関心を取り入れ,意欲的に学習に取り組む
　→Viscuit(ビスケット)でプログラミング学習

図4-2-1　通級型指導でのグループの様子の例

ニケーションや社会性を促進する自立活動の指導をより効果的に行うことを目指す。

②巡回型指導

コラボ教室担当が児童の在籍校へ出向き，在籍学級に入り込み，学級担任と連携してチームティーチング支援を行う。対象児童が，本教室の通級型指導で培った社会性や学ぶ力を十分に発揮できるように，日常生活場面における支援を行う。在籍校の特別支援教育コーディネーターを窓口とした連携を図り，当該児童への指導・支援の充実に加え，校内支援体制の構築，拡充につながるように学校支援を行う。

③専門分野の特別指導

児童の能力や興味関心の高い分野を中心とし，必要に応じて当該分野の専門家の協力を得て指導を行う。通常の通級型指導（社会性および自己理解）の指導内容との関連を図ることで，児童の個性を引き出すとともに，それを活用する指導を行う。表4-2-1に，2017年度に実施した15回のうち一部の内容を示す。

3 本人の願いを実現するような自立活動の指導の展開

（1）学びの主体である本人の願いを中心に

通級指導教室で行う自立活動の指導の目標は，「個々の幼児児童生徒が自立を目指し，障害による学習上又は生活上の困難を主体的に改善・克服するために必要な知識，技能，態度及び習慣を養い，もって心身の調和的発達の基盤を培う」と特別支援学校小学部・中学部学習指導要領に示されている。通級指導教室等で行う発達障害等のある児童の指導・支援は，在籍校や保護者など周りからの申し出等により開始する場合が多いため，その指導・支援を展開していく際に，本人の「主体的に学ぶ意欲」や「自己の課題に向かう姿勢」が低下していることが多い。本教室では，これらの課題に迫るため，当該児童の興味関心・得意を十分に把握し，「こうありたい」「こんな学習に取り組みたい」という

小学校で発達障害児の才能を伸ばす 第4章

表4-2-1　専門分野の特別指導の例

分野	授業テーマ	◎内容 主なねらい（○専門分野　●自立活動）
情報	プログラミングでオリジナルゲームを作成しよう	◎ビジュアルプログラミング言語 Viscuit を使い，描いた絵と「メガネ」というツールでプログラミング活動をする。 ○論理的思考，順序立てて考える能力，分析する能力などを育てる。 ●コミュニケーション力，見通した行動，行動の切り替え，援助要請の力をつける。
数学	桜の開花予想をしよう	◎計算処理を用いて，桜の開花日を予想する学習を行う。 ○社会に役に立ち生活に生きる算数・数学を学び，数学的思考を身につける。 ●課題に取り組む姿勢，援助の発信，グループでの協力，行動を修正する力をつける。
社会	世界の地理と交通の不思議を知ろう	◎世界の国々のクイズ活動に挑戦し，世界の国々の文化や歴史について学ぶ。 ○世界と日本の違いを考えたり，社会問題の解決策を探ったりすることができる。 ●発表，注目傾聴，発言ルール，適切な質問応答，課題へ取り組む力をつける。
生物	海の生き物の体の仕組みを知ろう	◎横浜の田んぼと池の生き物を顕微鏡で確認する。また海の生き物を解剖し描画する。 ○食物連鎖の仕組みを学ぶ。魚の体のつくりと人間の体のつくり違いや，生物の体の仕組みを理解する。 ●意欲を高め，適切に質問する，役割交換，言語理解を高める。
文芸	落語を聴いてイメージしよう	◎絵本読み聞かせや紙芝居，落語を聴く活動をする。 ○耳から聞いて言葉を理解しイメージする力を高め，言葉の用い方の面白さを学ぶ。 ●注意集中，注目傾聴，言葉のやりとり，感情の表現，面白さの共有の力を高める。

本人の願いを中心に学習内容を選定しながら，自立活動の指導を行う。本人が
「学ぶ意義」を理解し，「学びの主体性」をもちながら意欲的に学習に取り組んで
いけるような工夫を取り入れて指導を行う。

（2）本人参加型会議の実施

2017年度は，1年間の指導初期と指導後に「本人参加型会議」を行った。参加
者は，本人，保護者，担任，特別支援コーディネーター，コラボ担当の5名を
基本とした。場所は，在籍学級で放課後に行い，時間は30分程度であった。本
人参加型会議の目的は，本人が主体となって，「自分の目当て」を立て，日常生
活の中で，P（願い・目当て）D（具体的な工夫）C（評価，振り返り）A（見
直し）サイクル（後述）に取り組むための話し合いをすることである。この会議
には2つの重要な側面がある。①本人の願いを実現できるように，本人の言葉
を関係者みんなで聴くこと。②児童が力を十分に発揮できるよう，様々な立場
から応援，助言をすること。

会議参加のルールとして「全員が発言する」「記録を板書し視覚化，共有する」
「他者の意見を否定しない」の3つを事前提示し，約束をしてから始めた。

会議は以下の4ステップで行った（図4-2-2）。

①本人の良さ（好き，得意，頑張り，強み，活躍の機会，役割等）の確認
②困っていること（願い，気になること，身につけてほしい力）
③目標の設定（良さを活かして困りごとにアプローチする）
④目標に向けた支援のアイデアを出し合う（ブレーンストーミング）

会議実施後の本人の感想は，「たくさん話せてよかった」「自分では気づかな
かったことを，教えてもらえた」「最初は緊張したけど，みんなが良いところを
たくさん言ってくれたのが嬉しかった」などが挙げられた。

（3）本人が作成する個別の指導計画（コラボ研究計画）

本人が学びの主体となって「自分の目当て」を立て，生活の中で，PDCAサ
イクルに沿って取り組むために，「コラボ研究計画」という個別の指導計画を本

小学校で発達障害児の才能を伸ばす 第4章

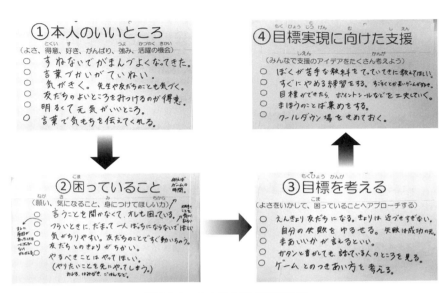

図4-2-2 本人参加型会議の記録

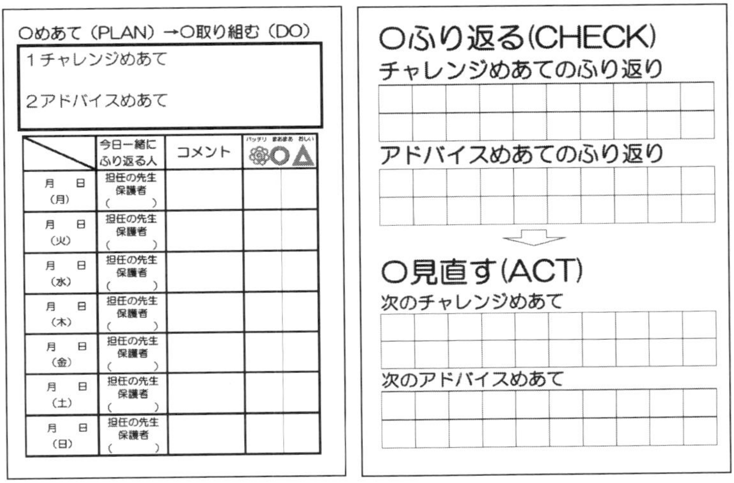

図4-2-3 コラボ研究計画のPDCAサイクルのシート

人が作成する取り組みを行った（図4-2-3）。

　通級型指導のグループ指導の中で，本人参加型会議の記録や友達のアドバイスも参考にしながら，「自分の目当て」を2つ設定した。すなわち，自分で考えて立てる「チャレンジ目当て」と，周りからの助言を受けて立てる「アドバイス目当て」である。

　「自分の目当て」を，「1週間の目当て」として「目当てシート」に書き込み，毎日，周りの大人（担任・保護者・コラボ担当など）と振り返りを行った。1週間後の通級型指導の際に，「自分の目当て」の振り返りを行い，それを達成できるように，次週にむけて「1週間の目当て」の見直しを行った。

　D児は「プログラミングを極める」ことを目当てとして取り組んだ。みんなに楽しんでもらえるようなゲームを作成し披露する中で，Viscuitの原田博士やコラボ教室の友達から助言やコメントを得ながら，改良を進めている。次年度，在籍校のクラブ活動にて，プログラミング学習を計画するなど，日頃の学校生活において学習意欲が高まっている様子が見られた。

　E児は「返事は『はい』と言ってみる」ことを目当てとして取り組んだ。相手の話を一旦受けとめることができるようになり，他者からの注意や助言を受け入れることができるようになってきた。

　F児は「声の大きさをマイナス15パーセントにして話す」ことを目当てとして取り組んだ。学校生活や家庭生活において，大声で叫ぶ姿が減り，声の大きさを調節してやりとりができるようになった。

　G児は「いじけないで，気持ちを切り替える」ことを目当てとして取り組んだ。嫌な事があったときに，先生に相談することができるようになり，教室から飛び出すことがなくなってきた。また，「どんまい」「まっいいか」など気持ちを切り替える言葉をうまく使いながら，生活できるようになってきた。

4 コラボ教室の課題

（1）「好き」「得意」「能力のアンバランス」の把握の充実

　子どもたち一人一人は，多様な才能に溢れている。コラボ教室では，子ども

たちの願いを大切にし，一人一人の興味関心を活かした指導・支援を行っているが，アセスメントの際に子どもの強み（好き・得意）を把握する手段は少ない。特別支援教育の入り口は，学校生活上の困難さや，周りの困りから始まることが多いため，保護者や学校からの情報を通して，子どもの課題を把握するための情報は十分に得られる。そこで，2018年度からは，市内センターの教育相談の中で，保護者からの聴き取り項目に「好きなこと」「得意なこと」を加えてしっかりと把握するようになった。このことで，子どもの強みに着目した支援へのつながりを期待したい。また，コラボ教室に通うタイプの子どもたちは，知的水準は高くても能力的なアンバランスがあることが多く，その差が大きいため，生きづらさへとつながっている様子が窺える。個人内の能力の凸凹を把握する手段として，個人内差を把握できる知能検査や認知処理能力検査等を実施することが望ましいと考えられる。

（2）本人の「学びの主体性」を高める指導の展開

　学校適応が困難な子どもたちは，日常的に様々なことで学ぶ意欲を失っているように見える。しかし，彼らは好きなことや得意なことは人知れずひっそりと学びを積み重ねていることが多い。「学校が辛い」「勉強がつまらない」「授業が面倒くさい」という言い訳ともとられがちな思いを，周囲が十分に聴き取り受け止めながら，その背景にある「学びたい」「やってみたい」という願いを引き出していくことは，重要な支援である。本来，「学び」とは主体的なものであるはずだが，その学びの主体性を見失っている子どもたちにとって，学びに向かう力は「やりたいこと」の中でこそ育まれていく。今後も学校教育の中で，子ども一人一人が夢中になったり熱中したりできることを取り入れ，子どもたちが安心して好きなことに没頭できるような機会や環境を増やしていくことが望まれる。

3 通級指導教室における サマースクール

杉山　明

1 はじめに── サマースクール実施の経緯

　筆者はかつて横浜市の通級指導教室（本章 [2] 参照）の担当をしていたが、子どもたちが集団活動や対人関係において苦手がある反面、自分の好きなことや興味を持っていることに対しての知識の習得や集中力について強みを発揮するということを感じていた。その点に着目し、小集団での定期指導と別に「活動別の指導」を企画した。対象は筆者が担当していた通級指導教室を利用している児童とし、申し込み制で行った。夏季休業中の前半を使い、一つの活動につき半日を設定し、以下のような活動を行った。

- 科学的な活動「ペットボトルロケットをとばそう」
- 造形的な活動「絵の具遊び」
- ゲームを扱った活動「オセロ大会，将棋大会」
- 趣味を扱った活動「鉄道模型を走らせよう」

　10年近く前のことであり詳細な記録も残っておらず、筆者はその後すぐに教育委員会に異動したため、継続的な活動とはならなかった。しかし、子どもたちがふだんの指導場面以上に集中力を見せ、一緒に参加した子ども同士も活動を仲立ちとしながら積極的な関わり合いを見せていたのが印象に残っている。

　今回，文部科学省の研究委託事業「通級による指導の教員の専門性向上事業」において「才能を伸ばす」という観点の中で前述の経験を思い出し、広義の2E教育の理念にある「サマースクール」の実施に至った。計画に当たっては、アメリカの障害児，才能児および2E児対象のプログラムも参考にした（第2章参照）。

小学校で発達障害児の才能を伸ばす 第4章

2 サマースクールの実施例

（1）実施方法

A）対象児

　S小学校情緒障害通級指導教室を利用している5,6年生。実施要項をチラシとして配布し，児童保護者の希望で申し込みを受け付けたところ，下記「活動内容」の①に5名，②に2名の児童が申し込んだ（③は申し込みなし）。なお，この時点では別途の方法による才能面の把握は行わなかったが，選択された活動は児童の強い興味に合致したと思われる。

B）実施日・場所

　夏季休業日に一日（午前中）設定して，S小学校のPC教室，図工室，および理科室で行った。

C）指導者

　教育委員会事務局の特別支援教育にかかわる指導主事が指導を行った。また，S小学校情緒障害通級指導教室担当教諭が子どもの支援者としてかかわった。

D）活動内容

　以下の三分野の活動内容を設定した。各分野の専門家は招聘しないが，子どもの興味を引き付けるために，具体的な内容は，指導を担当する指導主事が各々考えたものを検討し，決定した。

①ICT活動　「映像作品を作ろう」
②造形活動「木工作品の組み立て，アクリル絵の具で着色」
③科学　　　「音の不思議を手作り楽器で探ろう」

53

（2）実施の様子

ここでは「①ICT活動：映像作品を作ろう」の実施の様子を紹介する。

A）具体的な活動の計画

今回のサマースクールの活動は一日限りであり，時間的な制約も多い。その中で，活動の見通しを持たせ，児童一人一人の活動の時間を保証し，それぞれの作品を完成させ，お互いに作品を見合いながら振り返りを行うという，サマースクールの要素を全て入れるということをまず考えた。また，ただ作品を完成させるだけでなく，各々の児童が活動によって達成感を得られることを目指した。

粘土等を使ってキャラクターを作成し，それをデジタルカメラで一コマずつ撮影し，それを連続的に提示することで動きのある映像作品に仕上げるという活動を設定した。

通級指導教室を利用している児童の中には，手先の巧緻性に苦手があったりイメージの持ちにくさがあったりして，造形的な課題への苦手意識や抵抗を示す者も少なくない。そのために今回はキャラクターとしてはシンプルなものを設定し，連続的な動きに重点を置き，そこでの映像的な興味・面白さを味わわせたいと考えた。

また素材としては，扱いやすく変化させやすいクレイ粘土を選択した。粘土の素材によっては，感覚過敏な児童の中にはねばつきに抵抗感を示すものもいるが，クレイ粘土のねばつき具合なら抵抗感も少ないだろうと考えたからである。

コマ撮りするための機材としては，扱いやすい一般的なデジカメと三脚のみで撮影を行った。今回は専門的な講師に依頼せず教育担当者のみであり，今回のような活動に通常の通級指導教室においても今後取り組んでいけるようにと考えたためである。また，作品を動きとして見せるために，パソコン上のフリーソフトで0.1秒程度でのスライドショーを行い，動画データとして保存し，画像データと動画データを後日参加した児童に渡し，夏季休業中の自由研究作品として在籍する学校に出せるようにと考えた。

小学校で発達障害児の才能を伸ばす　第4章

B) 活動の流れ

　指導者・児童の自己紹介に続いて，図4-3-1のような活動の内容を確認した。完成をイメージしやすくするため，指導者が制作した示範作品を見せた。

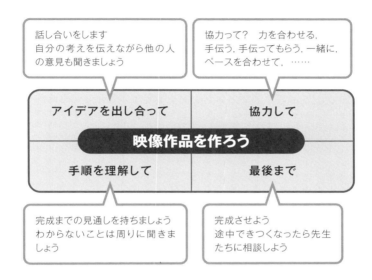

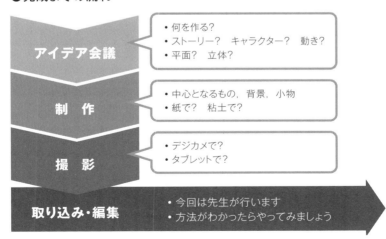

図4-3-1　児童に提示した活動の目標と流れ

図4-3-1にあるように，当初の計画では話し合い活動を設定し，その中でアイデアを膨らませたり対人的なかかわりの場面を設定したりということを考えた。しかし，示範作品を見ただけでそれぞれの児童から言葉の表現として自分のアイデアを出させることは難しく，まずは個人の活動を重視しようと思い，話し合い活動をせず，すぐに個の活動を行うこととした。

素材の製作や撮影に入る前に絵コンテやストーリーボードのような形式で個別にアイデアを整理する時間を持った。しかし紙の上でイメージを作ることに苦手な児童には，実際に製作しながらストーリーを考えさせるようにした。

素材としては粘土での製作物と背景のみで考えていたのだが，児童からの要望もあり，通級教室にあったブロックも用いるようにした。

撮影環境は教室にあったデジカメも含め4台用意し，持参した児童も含め，一人1台のデジカメを確保でき，児童一人一人が自分のペースで活動を進めることができた。

作品の完成後，保護者も交えてそれぞれの作品の発表を行った。

○A児（6年生・女児）の様子

製作活動に興味をもち参加の申し込みをした。初めから自分の構想を持ち，粘土での製作を進めていった。自分の活動を進めながらも，他の児童の撮影の手伝いをする姿も見られた（図4-3-2）。

○B児（5年生・男児）の様子

初めての場所や人に対しては不安を感じる。今回の活動には興味をもち自分から参加を申し出た。活動に対してのイメージを持つことが難しく，当初はなかなか活動に取り組めなかった。しかし粘土での製作にこだわらず，本児の好きなゲームのキャラクターを提示することで，活動に主体的に参加するようになった（図4-3-3）。

○C児（6年生・男児）の様子

今回の活動には興味があり，自らデジカメを持参し参加した。粘土だけでなく，持参したキャラクターを用いて映像作品を完成させた（図4-3-4）。

(3) 事後のアンケート結果

　サマースクール終了後夏季休業明けの通級指導日に，参加した児童・保護者にアンケートを行った。質問項目は，事前・事後の参加への意識・感想であり，保護者・児童双方に同様な項目での質問を行った。

A) サマースクールに参加した理由

　申し込み制ということもあり，すべての子どもが自分から参加したいという意思を持ち，保護者もそれに賛同していた。また活動内容の選択についても，子ども自身が強く意思を表明し，保護者がその意思を汲み，子どもが得意なものを選択していた。

図4-3-2　A児の作品（全154コマ中の4コマ）

図4-3-3　B児の作品（全174コマ中の4コマ）

図4-3-4　C児の作品（全98コマ中の4コマ）

B）サマースクールの活動を終えて

　子ども・保護者ともに，子どもが活動そのものを楽しめたという様子が見られた。活動内容の難易度については，「難しかった」という子どもの回答はなく，活動への困難さは感じることがなかったという結果であった。

　「サマースクールは自分／子どものためになったか」という項目については，保護者は全員が「ためになった」という評価になった反面，子どもたちの評価は「ためになった（2名）」「ややためになった（2名）」「わからない（1名）」という3段階に分かれた。

　「今後サマースクールが行われたらどんな活動をしたいか」という項目については，「同じ活動」が「違う活動」をやや上回る結果となった。

　図4-3-5に，児童と保護者の自由記述による感想を抜粋して挙げる。

3　得られた成果と今後の課題

　当日の子どもたちの活動の様子や出来上がった作品，子ども・保護者の感想等から，今回の活動についてはほぼ目的を達成できたと考えられる。すなわち，各々の児童が自分の活動の目的を明確にもち，作品を完成させ他者からの評価を受け，達成感を味わうことができた。その中で課題に集中して取り組むことや，他者とのスムーズなコミュニケーション行動も多く見られた。

　その要因として，まず子どもが，興味・関心があったり得意と思っているものに対して，自らの意思で活動に参加したことが挙げられる。

　今回の参加者の中には，不安感が強く，通常の通級指導の少人数指導でも参加が難しくなる児童もいた。活動の途中で行動が止まってしまう場面もあったが，教員の支援により作品のイメージができた段階から活動への主体性が見られるようになった。周囲の支援を受け入れることにより活動の達成感を得られたという経験は，本人にとっても得難いものになり，発達障害の指導に関わる指導者にとっても今後の指導において大切な視点であると考えられる。

　当日の活動の意義・成果と今後の課題を以下にまとめる（本書編者・松村の意見も参考にした）。

小学校で発達障害児の才能を伸ばす 第4章

①準備段階で，参加する子どもたちに何をやるのかというテーマを明確に持ってもらうのが重要である。それをふまえて文書を作り，保護者に配布した。保護者も期待して応援してくれるので，今年度のものを原型として，今後改善が望まれる。

②アメリカでのサマースクールは数日間以上にわたる。今回は短時間であるため「拡充三つ組モデル」（第2章1参照）の理念を十分に展開できなかった

【児童の感想】

• 楽しかったのでもっとやりたかったです。

• 同じ活動をやりたいけど，違う活動にも興味があります。

• とても楽しくてもう一度やってみたいと思った。そしてとてもいいできになってとてもうれしかったです。

• 難しかったけど，楽しかった。

• 映像をうまいようにつくれました。

【保護者の感想】

• いろいろなことに興味があるので，いろいろなことを体験させて将来に役立つものを見つけていけたらいいと思います。（後略）

• 本人の希望で参加したが，興味があったことだけに，自分のカメラを持参したり，とても楽しめた様子だった。

• なかなか自由に自分の思い描くことを表現する場がなかったので，大好きな粘土等を使って，ストーリーをつけてなど本人が大好きなことをじゃまされず形にできたことで終始楽しんで夢中になっていたので参加させて良かったなと思う。先生がうまく褒めてくれ最後まできちんと仕上げ，ショートムービーとして一つの作品が完成したことも大きな成果で，それを学校の先生や祖父母に見てもらう楽しさなどで自信がついたようだった。

• 家ではできない活動に参加させてもらいよかった。知らないメンバーで不安感が強かったり，自分のイメージ通りに制作する難しさがあったり，大変だったと思うが，作品を完成させることができてよい経験になったと思う。

図4-3-5 児童と保護者の自由記述による感想

59

が，その重要な要素は導入できた。すなわち最初に，新しい活動を示して
子どもが興味・関心をもつ。そして個人でやりたい最終目標，挑戦的にで
きるものがあり，自分なりにできたという思いを持つ。そのために必要な
スキルを身につけていく，という点である。

③映像作品の発表では，保護者も，普段見ないような子どもたちのいい所が
見られた。アンケート用紙を用意し，子どもたちと保護者に意見をもらう
ようにした。活動を振り返りながら保護者に子どものいいところを再認識
してもらい，保護者が子どもに対して肯定的なとらえ方やかかわり方が促
進されることもねらいとした

④サマースクールの位置づけをもっと広い計画の中で考えると，サマース
クールが通級にどのようにつながったか，通級での指導が変わっていった
か，子どもの才能を伸ばす指導につながっていったか等の評価につなげて
いきたい。今回の学習の成果・作品を他の子どもたちにも見せて，興味を
持ってもらえると，通級や在籍学校での指導にもつながって有意義であろ
う。

　児童の興味・関心や得意なものを活かした教育的アプローチが，場に応じた
適応行動や他者とのコミュニケーション行動にも好ましい効果を示すと考えら
れる。今回の成果を通常の通級指導につなげていくことが今後大切だと考えら
れる。

第5章

高校生への
社会情緒的支援

■1 進学を目指す高校生への教育相談

小倉正義

1 高校の特別支援教育と教育相談

（1）高校における2E生徒への支援の必要性

　文部科学省が2009年に実施した「発達障害等困難のある生徒の中学校卒業後における進路に関する分析結果」によれば，高等学校に進学する発達障害等困難のある生徒の，高校進学者全体に対する割合は2.2％とされている（文部科学省，2009）。このことから，高校でも発達障害支援の必要性は高いと考えられるが，義務教育段階と比較して支援体制は遅れており，様々なタイプの高校や地域の違いもあるなかで，それぞれの状況に応じた対応が必要であることが指摘されている（樋口，2010など）。

　水内・島田（2016）は，高校に在籍する発達障害のある生徒の特性として，教科・科目によって学習意欲や態度にムラがあり，そのため考査の得点の差が大きくなっている可能性を指摘した。そして「本人の潜在能力の発露には，高校までの進路選択の過程や，高校での修学支援，進路支援といった周囲から環境構成や働きかけが大きく影響するのではないか」と述べた。このことからも，高校における発達障害生徒の一人一人の才能を伸ばし，将来につなげる支援を

推進するためには，高校における 2E の生徒への支援体制を模索することも重要である。

（2）高校における特別支援教育の流れ

高校における特別支援教育は，2007年以降，校内委員会や特別支援コーディネーターの設置などが進み，ある程度体制が整備されてきている。そして2014～2016年度には，「自立・社会参加に向けた高等学校段階における特別支援教育充実事業」の中で「高等学校における個々の能力・才能を伸ばす特別支援教育モデル事業」が各地域で展開されて（文部科学省，2016），特別支援教育の中で能力・才能に着目する視点が広がってきたことがうかがわれる。また2017年には，「高等学校における通級による指導の制度化及び充実方策について」（高等学校における特別支援教育の推進に関する調査研究協力者会議報告）が出され（文部科学省，2017），小中学校の通級指導と同様の学びの場として，高校における「通級による指導」の制度化の必要性が説かれた。それを受けて同年，学校教育法施行規則の一部を改正する省令が出された。少しずつではあるが，高校における学びの多様性が保障される形で特別支援教育の推進が広がってきている。

（3）高校における教育相談の課題

高校でのスクールカウンセリングについて，山口（2018）は「不登校や発達課題，家庭内の紛争等，中学校と同じ相談であるが，高等学校の特徴は，単位取得や留年，進路と絡んでいるケースがほとんどではないかと考えられる」と述べている。筆者の実感としてもそれらの問題が関わっているケースは多く，発達障害生徒の教育相談を進める際にも同様に課題となる。例えば，メンタルヘルスなどの不調をきたして授業に来られなくなる期間が続けば，単位取得ができなくなり留年が決定する。定型発達の生徒たちにも同じ傾向は見られるが，人間関係を築くことが苦手な自閉スペクトラム症（ASD）の生徒は，留年をして次の学年の中でうまくできるという実感を本人が持つことがより一層難しく，学校を辞める決断をすることも少なくない。また，高校は学力等による入試を経てきているため，小中学校と比較して支援ニーズの学校間の差が大きいこと

高校生への社会情緒的支援 第5章

も考慮に入れる必要がある。この節では，大学や専門学校への進学者が多い高校を事例として取り上げ議論する。

2 発達障害生徒への教育相談の体制整備と実際

（1）支援体制の整備

筆者は，これまでいくつかの高校の特別支援教育や教育相談の体制整備に関わってきた。その中で感じている発達障害生徒への支援体制の整備のためのポイントを以下に三点述べる。

A）発達障害支援の必要性の啓発

発達障害支援の必要性の啓発を，その学校の生徒の実態に合わせた形で行うことである。これは特別支援教育を推進する際にあらゆる学校で必要であり，高校においても例外ではなく，現時点での必要性は高い場合が多いと考えられる。例えば，ASDやADHD，LDなどの診断基準をもとにした障害特性に関する研修は必要ではあるが，そのような内容の研修だけでは発達障害支援を進める上で十分ではない。教職員の中で障害特性に関する知識と目の前の生徒の姿が結びつかないことも少なくないだろう。発達障害に関する研修を行う際には，その学校の実態をリサーチし，可能であれば事例検討などを行うことが大切である。具体的な授業や生徒指導上での指示の工夫，進路指導を進める上でのポイント，本人の得意を伸ばすための支援方法なども合わせて伝えることができるとよい。

B）教育相談の中での予防啓発的な活動

上述のような研修を含めて，心の健康につながる予防啓発的な活動を十分に行うことが求められる。生徒指導提要（文部科学省，2010）にも，「問題を未然に防ぐ（予防的）教育相談の進め方」という項があり，「何も生じていないときの働きかけの大切さ」ことの重要さが述べられている。特に，「コラム（発達促進的・開発的）教育相談という考え方」（p.107）では育てる教育相談のポイント

63

として，「学級の雰囲気づくり」「帰属意識の維持」「心のエネルギーの充足」「児童生徒理解へのかかわり」「学習意欲の育成」「学業へのつまずきへの教育相談的対応」「教員の指導性」が挙げられている。発達障害生徒への支援を考える際にも，不登校などの問題が起こる前に，第3章で紹介した学習支援，社会情緒的支援を中心とした予防的な関わりが求められる。

C）教職員による発達障害生徒の支援ニーズの理解

支援を学校全体で展開するために，様々な機会を通じて，発達障害生徒に関わる教職員がその生徒の支援ニーズを理解できる機会をもつことである。例えば，筆者の関わった高校では，教科担任の連絡会などを通じて，特別な支援ニーズのある生徒の情報共有を行っていた。中学校でも同様の状況はあるが，教科によって生徒が見せる姿は異なるので，教科担任どうしが集まる機会をとらえて支援会議を開くことは有効である。

（2）個別事例への支援

次に，発達障害支援を行う中で遭遇する具体的な事例のエピソードを紹介しながら，進学を目指す発達障害生徒の教育相談の実際について考える。「支援のポイント」に述べていることは，広義の2E教育の視点と重なると考えていられる。なお事例は，いくつかの事例のエピソードを合わせるなどして作成した事例である。架空事例ではあるが，実際の支援を考えるためのエッセンスは含まれている。

A）事例1：Aさん・高校3年生男子・自閉スペクトラム症と診断

【事例の概要】 Aさんは，中学校から成績は上位であり，高校でも特進クラスに在籍している。1年生から学業には熱心に取り組んで，成績も常に上位に入っていた。しかし2年生になってから，友だちが自分のことを笑っている気がすると家族に訴え始め，欠席が増え始めた。2学期に入り，このまま欠席を続けると単位の取得が難しい状況になってきた。この時期に担任からスクールカウンセラー（以下，SC）への相談を勧められ，来談した。本人にクラスでの人間関係を聞くと，1年生の頃からほとんど誰とも話をしておらず，クラスの

女子から避けられているような気がする，みんなの目線が怖いと訴えた。主治医には相談しており，服薬するようになったことで不安は少し落ち着いたようだったが，クラスへの入りにくさは感じ続けていた。そのため，主治医と連携しながら，カウンセリングを行うことになった。

　まずは本人の不安を一つずつ聞き，不安を和らげるための方法を話し合った。また，障害告知は受けているが，自己否定的なイメージが強く，自分の得意・不得意が十分にわかっていないところもあると考えられたので，自分の興味や得意なこと，不得意なことへの対処法を書き出して一緒に整理した。Aさんは医学部を第一志望にしていたが，人工知能に興味があることに気づき進路を改めて考え始めた。その後，オンライン上で人工知能に詳しい人と意見交換をしたり，学校の科学部の顧問と話をしたりするようになった。カウンセリングの中でも，その話を嬉しそうに報告してくれるようになった。クラスでは話せる友だちは見つからないようだったが，入りにくさは減ってきたと話した。科学部の顧問に紹介してもらい，ロボットに興味のある後輩と話すようになった。結局進路を医学部から工学部に切り替えて大学受験し，合格した。

【支援のポイント】　発達障害の診断があっても，成績が良くて問題とされる行動も少ないと，あまり支援の必要性がないように思われがちだが，Aさんのように困難を抱えながら生活している生徒は少なくない。特に小中学校で，対人関係でネガティブな経験をしてきている場合には，他者が自分を見て笑っているような気がするといった不安を訴えることは多いだろう。そのような際には，他者と自己について理解を深めていくこと，他者と趣味や興味を共有できる場を見つけることが重要である。そのような作業をSCとのカウンセリングや教員との教育相談・進路指導で丁寧に進めることで，進学への道筋も見えてくるだろう。

B）事例2：Bさん・高校1年生女子・不注意傾向が強い

【事例の概要】　忘れ物や課題が提出できないことが多く，学習へのやる気も失っていた。先生からどうすればよいかSCと相談するように勧められ，来談した。BさんはSCに相談に来たくなかったと話し，顔を上げようともしなかっ

た。SCからは嫌な話はしなくてもよいことを伝えて，雑談することから始めた。好きなアニメの話をたくさんするようになり，その中で自分のことも少しずつ話し始めた。学校は楽しくなくて辞めようと思っていたこと，自分は何をやってもダメだと思っていたこと，アニメの仕事がしたいと思っていたが親からは「夢みたいなことを言わない」と取り合ってもらえなかったことなどを話してくれた。

しばらく経ってから，忘れ物や課題が提出できないことについてどうすればよいかを話し合った。そして，課題提出の前の日には先生から声をかけてもらえるようにお願いしてみること，課題の仕上げは学校で行うことで，家から持ってくることを忘れるのを防ぐこと，スマートフォンのアラーム機能を利用してみることなどを確認した。メモをとってもなくしてしまいやすいので，自分でメモしたものはすべてスマートフォンで写真を撮って残すようにした。

少しずつ，自分の進路についても前向きに考えることができるようになった。子どもたちと遊んだり，絵を描いたりすることは好きであり，得意であることに気づき，1年生の最後の頃には進路について考え中だと報告してくれた。

【支援のポイント】　学習障害傾向やADHD傾向のある生徒の中で，自分がうまくいかない理由や解決方法が見つからずに，「自分は何をやってもダメなんだ」と負のスパイラルに陥っている者は少なくない。そのような時に，自分の好きなことや得意なことにも着目できるように話をしたり，苦手なことへの解決方法を柔軟な発想で具体的に考えたりすることが有効である。「○○ができないダメな自分」ではなく，「○○は苦手だけどこんないいところもあるから大丈夫」と思えるようにサポートすることが大切である。また，進路について本人がまったく納得できていなかったり，将来へのイメージや自己理解を深めることがないままに進路を選択したりすると，将来的に大きなつまずきを抱えることも少なくない。進路選択の機会を，自己理解を深めることができる重要な機会としてとらえ，本人の可能性を伸ばすことにつなげていきたい。

（3）支援をつなぐ

高校での発達障害生徒への支援を進める上で，中学校までの支援に関する情

報をどのように引き継ぐかも重要な課題である。幼小連携，小中連携に比べて，高校入試というハードルがあることも影響していると思われるが，中学と高校という組織間での連携は密に取りにくい部分があるのではないかと考えられる。中学校からの引き継ぎをスムーズに行うためにも，高校としては早い段階で家庭と連携し，中学校までの情報について保護者に聞き取りを行ったり，中学校への連絡を進めたりするための工夫が必要である。

　さらに，高校で行った支援をどのように進学先につなぐかも課題である。そのためには，進学先の障害学生支援や学生相談について，本人や家族はもちろん，高校の教員が知る機会をもつことが今後求められる。高校の教員が大学の障害学生支援や学生相談について十分に知っていれば，本人や保護者に入学した後の相談先として障害学生支援室や学生相談室を紹介したり，保護者の許可を得て障害学生支援室や学生相談室と連絡を取ったりするなどの働きかけができるであろう。進路指導を行う際にも，各進学先の障害学生支援体制を参考にしながら，学ぶ環境を生徒や保護者と選択するという視点で相談が行うことができると考えられる。現状では，高校の進路指導を含めた教育相談体制には上記のような視点が不十分である。今後，進学先の体制整備や働きかけの工夫がさらに広がり，高校と進学先との連携が広まることが期待される。

【引用・参考文献】

樋口一宗（2010）文部科学省が考える高等学校における特別支援教育. LD 研究, 19（3），192-197.

水内豊和・島田朋子（2016）高等学校における発達障害のある生徒に対する教師の意識―在籍生徒の特徴やとらえ方についての分析から. 富山大学人間発達科学部紀要, 10(2), 131-142.

文部科学省（2009）高等学校における特別支援教育の推進について―高等学校ワーキング・グループ報告. ［下記含めて報告書は文部科学省 HP から検索可能。］

文部科学省（2010）生徒指導提要. 教育図書.

文部科学省（2016）高等学校における個々の能力・才能を伸ばす特別支援教育モデル事業成果報告書（要約）.

文部科学省（2017）高等学校における通級による指導の制度化及び充実方策について（高等学校における特別支援教育の推進に関する調査研究協力者会議報告）.

山口力（2018）第Ⅲ部学校心理臨床の職務内容　第5章校種別の展開. 森田美弥子・松本真理子・金井篤子（監），窪田由紀・平石賢二（編），心の専門家養成講座⑦学校心理臨床実践. ナカニシヤ出版, 101-107.

2　生徒の進路指導で得意を活かす覚悟

水野　証・宇野明雄

1　はじめに

（1）私の考える「才能」――「得意」という自己感覚

　一般論としての「才能」という言葉のイメージは，「人より秀でた特別な能力やその潜在性」でよいと思うが，知的障害児のための学校に勤める私（水野）はもう少し広義に捉えたいと考えている。

　セルフ・エンパワーメント（主体性の確立と自己統御）という概念がある。「自らの意志」が，その人の決定や行動の「起点」になることを指す概念である。どうすれば，自分の「意志」を決定や行動のための主体的なスイッチとすることができるか。それを考える上で重要だと思われるのが，生徒自身の中に宿る「得意」という自己感覚だ。「得意」とは個人内の優位であり，必ずしも他者に対する相対的優位である必要はない。自身がそれを「得意」と自覚できることで様々な困難を持つ人にとっての主体的な決定や行動の「起点」となるような自己感覚と規定したい。「自らの意志」のスイッチを押す「得意」という自己の感覚がその人の「才能」の種であり，そのことで実際にその人の人生が輝きだしたとしたら，それがまさに「才能」なのである。

（2）事例の背景となる学校について

　筆者ら（水野・宇野）は共に，それぞれの学校の進路指導担当（2018年度現在）として滋賀の県立高等養護学校（特別支援学校）に勤務している。滋賀県には3つの高等養護学校が設置されており，知的障害児を教育する学校とされている。「自力通学できる」ことなどが実質的な入学の条件であり，主に卒業後に障害者雇用促進法等の制度を活用して企業等への一般就労（障害者雇用）を希

望する生徒たちが多く入学してくる学校である。

　昨今，「知的障害のない発達障害」とか「『発達障害』や『知的障害』」という言い方がなされ，知的障害と発達障害は違うものとして，あるいは並列的に扱われることが多いが，歴史的経緯で現在でも，知的障害も発達障害の中に含める考え方もある。

　ただ，少しややこしいが，私たちが勤務するのは「知的障害特別支援学校」なのでもちろん知的障害児の在籍が多いが，中には「知的障害があるとは言えない発達障害の生徒」，「困難は抱えているが，それを障害と言ってよいのかを迷う」ボーダー域の生徒も在籍している。

　そして，この「ボーダー域」の生徒を中心に，自らの「障害の受容」というテーマに悩んだり，「障害者雇用」の制度利用を前提とする進路指導を拒んで学校での居場所を見失ったり，進路変更（退学）を選ぶ子もいる。そこには「軽度」や「ボーダー」であるからこそその苦しみがあり，自意識との葛藤がある。どの子もその子なりにそうした葛藤と闘っているのだという背景を読者にぜひご理解いただきたいし，同時にそれは学校制度や雇用制度の硬直性に起因するものだと述べてもおきたい。

　その「葛藤」は自意識を揺るがし，時には自己卑下や自己肯定感の低下にも繋がるのだが，そういう子でも「これは得意」というような自己感覚を獲得できた場合にはそれが自己承認へのエネルギーとなることがある。このように「葛藤」には両面性，両方向性がある。「葛藤」を乗り越え，主体的で意志的な「決定」や「行動」へと向かうための心のエネルギーの一つが「得意」という自己感覚なのである。

　これから紹介する，宇野による実践は，自己肯定感が持てず「障害者」と見なされることに苦しみ，荒れた時期も経て，「林業」という職業の中に自分の「得意」を見出し，覚悟を決めてその世界に飛び込んだ青年とそれを支えた大人たちの記録である。タイトルの「得意を活かす覚悟」という表現は日本語として少しおかしな言い回しではあるが，「得意」という自己感覚を実際の進路に結びつけていくためには，本人にも支える大人たちにも相当な「覚悟」が求められたのである。

2 「得意」という自己感覚を進路決定に結びつけた実践

2E教育の観点から，障害のある生徒の中に宿った「得意」という自覚に依拠し，「覚悟」へと高めていった心理的・情緒的支援と，そのことを通して「進路保障」を実現した事例として，筆者の一人である宇野の実践報告の要点を以下に紹介する。

（1）プロフィール

①障害の状況

　Aはひと言で言えばヤンチャな生徒だったが，人なつっこく友達も多かった。障害は「軽度知的障害」とされ障害者手帳（療育手帳）を有しているが，のちに自動車免許を取得する力があった。行動の特徴としては衝動性が強い傾向があった。また，興味のない活動には集中力が続かず，周りの友達へちょっかいを出すなど，落ち着かない様子が見られた。遊びの延長から相手を怒らせて喧嘩になることもしばしばであった。イライラしたり激昂することもあり，喧嘩の興奮が収まらず，トイレのドアを素手で殴って穴を開けてしまうこともあった。自分の考えは正しいと思い込み，相手の気持ちをくみ取りにくい特性があった。

　一方で，友達の困り感がわかると優しい面を発揮するので友達からは慕われていた。授業中，気に入らないことがあると横柄な態度をとったり，寝てしまったり，教員に対してもわざと挑発するような口調の「礼」を言うなど，彼の優しさと茶目っ気と大胆な行動ぶりは周囲の生徒にとってある意味であこがれでもあった。

　運動神経はとても良く，障害者サッカーでは県代表選手でもあった。

②自己認知

　1年生の時は荒れた。高等養護学校のわりと厳しい校則や就職に向けた様々な取り組みを窮屈に感じたのか，「学校を辞めたい」という思いを強めていった。同じクラスの仲間が一般高校へ入りなおすために進路変更（退

学）したことにも影響を受けた。その頃はヤンチャ系の先輩達とつるみ，教師への言動も荒かった。

　高等養護学校の生徒には，中学時代に特別支援学級に在籍し，自身の障害について漠然と感じ取りながら，中3の時に一般高校と地域の特別支援学校の狭間で迷った結果として高等養護学校を受験する子が多い。そこにあるのは「志願（出願）」と「受験」のための「かりそめの自己決定」だと言える。しかし，入学後に特別支援学校（知的障害児の学校）に来たのだという実感に直面する。そのことの受容に苦悶し「辞めたい」という気持ちが生じ，進路変更していくケースも少なくはない。中3時の進路指導の難しさが凝縮しているとも言える。

　Aも「障害の受容」ということには悩んだが，「学校を辞めて次どうしたい」という強い思いはなかった。また，辞めるべきでないというスタンスをとり続けた家庭の支えなどもありそのまま学校を続けた。辞めるほどの「覚悟」もなく，「続ける」という強い意志もなく，ただ，気の合う仲間が居るという学校生活の中でその問題を棚上げしたような日々だった。

　2年生後半になると，人との関係性の中でイライラしがちな自分について自覚するようになり，自ら気持ちを調整できることを願うようになってきた。自分を受け止めてくれる担任と共に，「穏やかに○○しよう」を合い言葉に，気持ちの調整に向き合う姿が見られるようになってきた。その後，(a) 卒業後の進路を見つけていきたいという思いが明確になるにつれて，自分の感情や行動を調整できる場面が増えていった。

（2）進路希望

①林業の仕事がしたい

　2年生の終わり頃，進路担当の私（宇野）に「林業に就きたいのだけど」と打ち明けた。理由を聞くと「中学の時から木工など木を扱うのが好きだったから」。さらに話を聞くと彼の兄は漁師を目ざして海洋高校に進んでいることなども話した。そういう兄の姿を自分の進路のイメージのモデルとしたのかもしれない。ただ，中学校での木工経験と林業の仕事とは次元が違うわけで，林業そのものへのイメージは明確ではなかった。

3年生になっても林業への希望は変わらなかった。私は林業に関しては，知識もコネクションもなかったため，「危険」「雇用先はない」「林業は無理だろう」という思いがまずは頭をよぎった。

一応，情報収集として，圏域の県事務所（森林整備事務所）に相談した上で，私としては林業への就職（職場開拓）は難しいと判断して，本人に他の職種希望への変更を提案することにした。得意な身体運動性を生かせる職種として，自動車の洗車業務で進路先の開拓を進める方針に変更することを伝え，その時は本人も家族もそれを受け入れた。

②林業に向けて（第一歩）

3年の6月，彼から「やっぱり林業の仕事がしたいんです。時間かかってもいいので」との思いを私に直訴してきた。そこで，本人の林業に対するイメージをリアルなものにすることや，仕事の厳しさも本当にわかった上での意思なのかを確認する必要があると考えた。早速，地域の森林組合に相談をして，学校から近い現場の見学先を紹介してもらった。

（b）現場に行くと，個人事業者の若い男性が対応して熱く語って下さり，本人も熱心に聞き入っていた。危険性や資格など，職種として求められる素養や条件の話も聞けた。Ａも丁寧な言葉遣いで質問し，意欲的で真剣な顔つきだったため，引率していた担任も驚くぐらいであった。伐採場面を見学した後，参考にチェーンソーを持たせてもらったり，小型重機の運転席に座らせてもらったり，専用の防護服やヘルメットを装着させてもらう中で，眼が輝き積極的なイメージがどんどん膨らんでいく様子が手に取るようにわかった。

③林業に向けて（出会い）

林業へと強まる彼の思いを肌で感じ，私は更に広く情報を得るために県造林公社林業労働力確保支援センターの所長に相談をした。林業の担い手不足の現状もあり，好意的に話を聞いて下さり，刈払機とチェーンソー講習会の情報も提供してもらった。

机上学習では集中することがとても苦手な彼が3日間受講することには

大きな不安があった。日程も最後の学校行事（文化祭）と重なっていたが，本人と家族の意向で受講することとなった。そして，何とか3日間の受講を修め，刈払機とチェーンソー使用の資格を得ることができた。

また，センター所長から得た事業者の登録情報からダメ元を覚悟で連絡をしてみたら，本人に会ってもよいという業者と出会うことができた。

3年生の9月，山林の伐採現場で，初めて社長と会う。引率する教員もきつい傾斜を登って，伐採現場を見学させてもらった。前に経験した平地の見学現場とは大きく違い，険しい斜面で伐採材が滑ったり，ワイヤーで引き上げるなど，危険な雰囲気を肌で感じることができた。社長からは実体験に基づいた林業の実際の怖さ，厳しい現状について話も聞けた。

いきなり実習というわけにいかない業種なので，「雇用前提ではなく，まずは資機材運搬助手などの周辺業務体験を通して生徒を見てやってほしい」と依頼したところ，次の現場が確定してからということで承諾をいただいた。

（3）林業という職場体験実習

12月，雪舞う極寒の山中での実習となった。ワイヤーを枝に引っかけ，伐採前に避難移動するという補助業務を繰り返し体験させてもらった。

斜面での移動中に滑って尻もちをつく場面もあったが幸い滑落には至らなかった。ところが，チェーンソーで伐採材の枝払いで，枝を避けながら枝を払う箇所を確認している際，止め忘れていたチェーンソーの刃が大腿部に触れ，思わず「やばい！」と本人が叫んだ。見ると，チャップス（防護具）に鋭い切れ目が入り，防護綿がむき出しになっていた。幸い，刃は肌には届かず怪我には至らなかったが，もしチャップスを着けていなかったら大腿部を切る深刻な事故になっていたはずである。操作上の安全注意意識の未熟さが露呈した。本人は真剣に集中して操作していた中でのアクシデントに改めて林業という仕事の危険性を感じたはずだ。

（4）進路決定に向けて

①本人の覚悟

　実習体験の手応えから本人はいっそう林業への思いを強めていった。極寒の中，早朝からの実習だったが弱音は一言も吐かなかった。覚悟が感じられた。

　実習中のチェーンソーでのハプニングのことも給料などの条件面のことも彼は一切口には出さなかった。とにかくこの仕事がしたいのだという強い気持ちだけが伝わってきた。机上学習を苦手とする彼が意欲的に3日間の講習を受講し，また車の免許もストレートで合格するなど仕事に必要なことに対するどん欲さ，必死さも伝わってきた。

　「覚悟」というのは，例えば本人に「覚悟はあるのか？」と見えない抽象的概念を表面的・形式的に確認するものではなく，本人が実際の体験に基づいてポジティブに，そして，強く感じとった思いの総称と考える。それが本人からの発信と周りの読み取りによって「思い」として伝わってくる。「覚悟」という内面を評定する指標があるとすれば，それは，「言語化された本人の思い」，「実際の行動の変化」「表情や目つき」そして「感謝の感情」などが挙げられる。彼からもそれらが強く伝わってくるのであった。

　社長に雇い入れを打診すると「後は私の決断だけです。(c) 社内の従業員達からも彼を雇ってほしいと頼まれている」との返事だった。実は現場の従業員からも社長に雇い入れへの後押しもあったのだ。実習中の彼の林業に対するひたむきさ，一生懸命さが現場チームに伝わり「教えがいのある子」と思ってもらえたのである。

②周囲の支援者に求められた覚悟

　実習の様子を見られないことから，引率時に撮ったビデオ映像を両親に見てもらうため家庭訪問を行った。母親は「母としては心配。初めは危険でない業務からさせていただき，徐々に慣れていってほしい」と。でも，「最後は本人の思いを大切にしてやりたい」とも言っていた。両親とも危険な仕事であることを承知した上で本人の思いを尊重した。漁業に長男を

送り出した経験，そして親自身も様々な苦労を乗り越えて来た人生経験があったゆえの覚悟が伝わってきた。

雇い主にも覚悟が要ったはずだ。雇用可否の回答はすぐには来なかった。危険な仕事で社長自身にも怪我の経験があること，大きな労災事故は業務停止命令に直結すること等，難しい判断であることは容易に想像できた。私からも「彼なら絶対に大丈夫です」と安易な言葉は出せなかった。それでも1週間後，現場従業員達と話し合いを重ねた結果，社長の決断で雇用を受け入れるとの連絡が来た。

進路担当者や担任など教員の側にも覚悟は求められた。運動神経の良さ，野性的な勘の良さ，道具の扱いの器用さなど，この仕事に就けるとしたら彼だろうという思いはあったが，それでも「本当にいいのか」という不安ととまどいは脳裏を離れなかった。それでも，私は「彼の覚悟」を実現したいと思った。「障害のある子に〇〇は無理」という発想を乗り越えていく私自身のプロセスでもあったと思う。

生徒の進路希望が熱を帯びて顕在化した時，それを実現するために応援したくなるのが進路指導の教員のマインドというものだ。では，進路担当教員の覚悟とは何かと考えてみる。教員が覚悟するということは，「生徒の自己実現を応援し寄り添うための覚悟」「親と雇い主の覚悟を共に考える覚悟」「不安を持ちつつ応援し続ける覚悟」「就労後も応援し続ける覚悟」「もしもの最悪のこともゼロではないと思う覚悟」なのだろう。

就労後，他の卒業生たちと一緒に学校に挨拶に来てくれた。良い表情をしていた。覚悟をもって自己決定し，半年以上続けられているという自信からなのだろう。びっくりするほどの敬語で話し，穏やかな態度は自信がみなぎっているように見えた。そこには彼なりの親や学校への感謝の気持ちがにじみ出ていた。出会いと縁への感謝の感覚，親や教師など自分を信じてくれた人への信頼と感謝，職場の人への感謝。

荒れていた障害のある生徒が，自分の「得意」意識をもとに覚悟と決意で手に入れた林業という仕事。これからも応援し続けていきたい。

3 自己統御感に基づく覚悟

　自己決定のための心理的なメカニズムとはどのようなものだろうか。本実践からは，進路指導の力動性を感じることができる。つまり，自身の目的意識が本人を変容させ，その変化が周囲に変化を及ぼして行くのである。

　事例を振り返ると，本実践のキーポイントとして，下線部 (a)，(b)，(c)，の3点が挙げられると思う。

　荒れている子はなぜ荒れるのか。様々な理由はあるが，背景には評価と承認への渇望があり，そしてそれを克服する上で最も重要なものは「自己統御感」ではないだろうか。言い換えれば，人生の目的やそのための決定や覚悟の起点が「自分の意志」の中にあるか否かなのである。

　私（水野）が勤務する学校でも，入学した後に「ここは自分の居場所ではない」と悩む生徒がいる。その場所にいることで自己統御できない時，熟考を尽くした後でなら居場所を変えることに躊躇することはないというのが私の基本的なスタンスでもある。

　「セルフ・エンパワーメント」（自己統御）のエンパワーメントとは，人々（障害のある人を含む普通の人々）が自分の生活と将来（進路）への統御感を獲得し，自分と自分を包む環境や関係性に良い影響を与えていくプロセスだと言える。A君の荒れていた態度が，自分の進路希望が顕在化する中で整い，その思いが林業会社の社長の「熱」を呼び，会社の従業員からも「この子は教えがいがある」と評価を受ける。その全てが有機的に結合することによって障害のある一人の青年の就労希望が実現していく。ここに進路指導のダイナミズムを見る思いである。

　「覚悟」とは何か？これについては上述の実践の太字箇所「「覚悟」というのは，例えば本人に「覚悟はあるのか？」と見えない抽象的概念を表面的・形式的に確認するものではなく，本人が実際の体験に基づいてポジティブに，そして，強く感じとった思いの総称と考える」が示唆的であろう。

　自分の進路を決めるということは，言うまでもなく「考える」プロセスである。しかし，考え続けるだけではなかなか「決められない」。ずっと考えてきて最後に「跳べる子」と，なかなか「跳べない子」がいる。そこを分けるものが「覚悟」

という心象（感覚）だ。その形成には，生育歴や愛着形成の状態，家族や教師など周囲の人間への基礎的な信頼関係が影響する。

　覚悟という心象を決定づけるものは「自信」であり，「未だ見ぬ自分への信頼」である。その信頼ができるためには，自分がこれから向き合おうとしていることを得意と思えることが大切だ。章題にある情緒的支援について言えば，単なる傾聴や受容だけではなく，得意という自己感覚の獲得を支援することが肝要であろう。その感覚に基づく「自分の軸」があればより主体的な社会参加への意志も高まる（社会的支援）。得意の感覚は覚悟の種となり得るのである。

3 定時制高校の生徒への社会的支援
—— グループワークを通じて

小黒明日香

1 定時制高等学校における特別支援教育

（1）定時制高校の現状

　近年，定時制高等学校（以下，定時制高校）には支援を要する生徒が数多く在籍するようになってきている。不登校経験者，発達障害を抱えているが特別支援学校への入学を回避した青年，ニューカマー（長期滞在の外国人）あるいは片親が外国籍の子女である青年，全日制高校を退学した青年，そして高校卒業資格を有していない年配の生徒が混在している。精神的な失調を抱えて勉強どころではない生徒も多くなっていると言われる（田中，2012）。磯田（2009）によれば，定時制高校には以下のような生徒が多い現状がある。

　　・自己肯定感が低い。
　　・小中学校時代から不登校を経験している。
　　・集団生活になじめず対人関係をうまく取れない。
　　・基礎学力が低い。
　　・授業への参加意欲が低い。
　　・高校入学後も不登校が継続し，そのまま引きこもり状態になる。

（2）定時制高校におけるグループの取組み

　ある定時制高校では，うつ病，統合失調症，療育手帳所持者，支援学級在籍経験者が新入生80名のうち5名おり，他にも座っていられずに教室を飛び出す生徒，コミュニケーションがなく何を考えているか分からない生徒，病院通院者ではないが簡単にリストカットをするような生徒等がいるといった事情が

あった。中田ら（2011）は，この高校より全体の生徒への対応について支援依頼を受け，2011年以来，大学教員と大学院生のチームで支援にあたってきた。年に数回，生徒の小集団と支援者が，ファシリテーターと呼ばれるリーダー（支援者）の指示によって活動を行う「グループワーク」あるいは「グループ・アプローチ」と呼ばれる手法を実施してきた。

　そこで用いられた，グループ・アプローチの1つである「エンカウンター・グループ」（ロジャーズ〔C. R. Rogers〕の理論に基づく「集中的グループ体験を行う集団」で，真実の自分になれる場，新しい人に出会える場という役割を果たす）は，心理的成長と教育，人間関係の醸成，「グループ・カウンセリング」や「スクールカウンセリング」の周知といった目的のもと学校現場に広く導入され，様々な成果を挙げている（押江，2012）。

（3）定時制高校で必要な社会情緒的支援

　高校生の時期は，障害（苦手）特性からも才能（得意・興味）特性からも，社会情緒的問題行動が生じ得る。とくに自尊心が低下しやすい時期であるため，学習支援だけでなく社会情緒的支援もよりいっそう必要となってくる。定時制高校では，生徒のなかには不登校を経験したり集団になじめず対人関係をうまく築けなかったりする者も多くいることから，身近な人と関わる経験をすることが大切である。

　主に小中学校では，グループワークによる自己理解・他者理解を促進する取り組みが行われ，その成果が様々な場面で紹介されている。「得意を伸ばして苦手を補う」という広義の2E教育と共通の理念の下，グループワークを実施する場合，まず生徒自身が自分の得意・興味を知って，周りにいる教員やクラスメイトが発見したその生徒の得意・興味を共有することが必要である。

　これらの考えをもとに行った，定時制高校におけるグループワークの取り組みを事例として以下に紹介する。

2 グループワークの事例

（1）A高校の背景とグループワーク実施の経緯

　A高校の定時制課程（昼間部および夜間部）には，中学校で不登校やいじめなどを経験している生徒もおり，人間関係および学力不振など学力面の課題を有している生徒が多く在籍していた。同校では高大連携事業の一環として，大学生や大学院生がボランティアとして授業や行事の中で積極的に関わっていた。生徒との関わりのなかで現状と課題が見えた際，それらを教員と大学生・大学院生とで共有する機会も多かった。そのなかで，生徒に人間関係の課題に対応する学びの機会を提供するという目的でグループワークを実施する取り組みが年に数回行われることになった。内容としては，生徒の現状を一番把握している教員と心理学の知識を持った大学院生とが協同して，その年度の生徒に合ったプログラムを作成した。

（2）X年度の事例

A）グループワークの目的

　自分と他者との違いを受け入れることが難しい生徒がいることから，「自分自身のことを知り，他者との違いを受け入れる（他と違ってもいい，みんな違う部分があるということを知る）」ことを目的としてワークの作成を行った。また，自分の意見を他者へ伝えることが難しい生徒がいることから，自分の意見の伝え方を学ぶことを目的として，発表をする際，事前に自分の意見をまとめるためのワークシートを筆者が考案して作成し，それを読み上げる形式で発表を実施した。

B）グループワークの内容

　実施時期：X年9月。対象生徒：第1学年・昼間部・約35名（2クラス），夜間部・約80名（4クラス），合計・約115名。場所：各クラスの教室（クラスごとに実施）。特別活動の授業時間に実施した。

高校生への社会情緒的支援　第5章

次に、（私）の学習スタイル（勉強する時）の特徴（くせ）は、こんな形になりました。【学習スタイルの図を見せる】

「学習スタイル」の中で、分かった（私）の特徴（くせ）は、［ 1つのことにじっくりと取り組むこと ］です。あと［ 計画を立てたり、ルールを決めたりするのが好きだ ］ということも分かりました。
この結果を見て、（私）は（Aその通り）だと思いました。なぜかというと、

A　その通り　（私）は、いつも［ 部活で作品作り ］をする時［ 時間をかけて丁寧にやりたい ］ので、自分でも［ 結果と同じだ ］と思うからです。

B　意外　（私・僕）は、いつも［　　　　］をする時［　　　　］ので、自分では［　　　］と思うからです。

C　その他　（私・僕）は、［　　　　］からです。

図5-3-1　発表メモの例　（創作した記入例）

結果を発表してみて、（私）は、［ 緊張した ］と思いました。頑張ったところは、［ （グループの）みんなの前で話したこと ］です。

同じグループの人の発表を聞いて、（私）と同じだなと思ったところは、［ 興味があるとやる気が出るところ ］です。自分と同じ個性や特徴で、嬉しかったところは、［ 暗記が得意だというところ ］です。

（私）と違うなと思ったところは、［ 計画を立てずに、その場に合わせて行動すること ］です。自分と違う点で、すごいなと思ったところは、［ 先に決めずに進められること ］です。

図5-3-2　感想メモの例　（創作した記入例）

81

①**自己理解のワーク：**

・自分を知るためのチェックリスト（それぞれの個性・学習スタイル）に回答。

・チェックリストの結果をもとに発表用のワークシート（発表メモ，図5-3-1）を作成。

②**グループ（4〜5名）内で発表：**

・自分のチェックリストの結果を全員の前で発表（発表メモを読む形で）。

・発表した感想や他の人と違う／同じ部分についての発見をワークシート（感想メモ，図5-3-2）にまとめる。

　・まとめた内容を発表する。

C）生徒の反応

　ワーク終了後，アンケート調査を実施した。その結果，ワークの「全体的な印象」について，生徒の約半数が「自分の意見を言えた」「これまで話したことのない人と話せた」と回答した。また，自由記述では「自分のことを知れた」「クラスの人のことを知れた」「（発表の時に）紙（ワークシート）をなるべく見ないようにした」という肯定的な感想があった。いっぽう「（ワークシートを）書くのが面倒」という否定的な感想もあった。

　ふだん特定の級友としか会話をしない生徒や人と話すことが苦手な生徒はクラスのおよそ3分の1ほどであった。その生徒も，4〜5名のグループの中で発表することができ，アンケートでは半数以上が「自分の意見を言えた」「これまで話したことのない人と話せた」と回答した。また，相手の意見や話を聞くことが苦手な生徒も，ほかの人が発表している際に発表者の方を見て耳を傾ける姿が見られた。一方で，書くこと，手順を追って進めることが苦手な生徒はワークシートの作成に時間を要した。人前で話すことに抵抗のない生徒の中には，ワークシートの作成に疑問を感じている者もいて，もはやワークシートを必要としない生徒と言えるだろう。個人内での自己理解を深めることができたが，机上での作業が多いためグループでの発表に至るまでの進み具合に個人差が出来てしまった。

高校生への社会情緒的支援 第5章

（3）Y年度の事例

A）グループワークの目的

ワーク全体の理念：「構成的グループエンカウンター」（エクササイズを目的や対象に応じて組み立て，リーダーが時間管理をしながら進めていく）として，①自己・他者理解ワークを通し，生徒の心理的成長，人間関係の育成・向上を目指す。②生徒が自分と他者との違いを受け入れることができるような土台作りを目指す。③スキルの獲得そのものよりは，生徒間のコミュニケーションの風土作りを促進すること目指す。

このワークの目的：①自分のことを理解して，相手に話してみる（自己理解）。②同じ学年の友達と話す中で，お互いを知る（自己理解・他者理解）。

B）グループワークの内容

日時：Y年5月。対象生徒：1学年昼間部，約40名（2クラス）。場所：体育館。

①**バースデーライン（10分）**：言葉を使わずに，誕生日の順に並んで円を作っていくワーク。アイスブレイク（場の緊張をときほぐすための手法）として最初に実施した。

・1月1日の人の場所だけ指定してスタートする。

・主にジェスチャーを使って（指で数字を作ったり，相手や自分の場所を指したり）周りの人とコミュニケーションを取りながら，自分の誕生日の月・日の場所を探していく。

・全体で出来上がったら答え合わせをする。

②**インタビュー（10分）**：ペアで「相手に自分のことを紹介する」「相手に自分の聞きたいことを聞く」ことを練習する。合計3人の人と自己紹介・インタビューをする。時間制限の中で3人を目標に話す経験をする。

（ⅰ）ペアになり，インタビューする側と受ける側を決める。

（ⅱ）インタビューする側の人は，5つの項目を相手に聞く。

（ⅲ）相手から聞いた回答をワークシートにメモする。

（ⅳ）インタビューする側と，受ける側を交代する。

83

③**ヒューマンビンゴ（10分）**：全体で，ビンゴの用紙に書かれている16（4行4列）の質問内容を，それぞれ違う16人にインタビューしていく。回答を用紙に記入する。従来からあるゲーム（國分ら，2004）だが，質問内容は筆者と教員で考えた。制限時間内に各自で揃えたい行列数が達成目標になる。

・質問例：好きなテレビ番組，好きな色，好きな季節，一番行ってみたい国。

・ワークの最後に，何列揃ったかを全体に尋ね，挙手で答えてもらい，拍手で褒め合い雰囲気を盛り上げる。

C）生徒の反応

　ワーク終了後，アンケート調査を実施した。その結果，ワークの「全体的な印象」について，生徒の約半数が「自分の意見を言えた」「これまで話したことのない人と話せた」と回答した。また，半数以上の生徒が「有意義な機会だった」「楽しく行うことができた」と回答した。人と話すことが苦手な生徒は，始めは周囲の生徒の様子を見たり，教員や大学・大学院生のサポートを受けたりしながら参加していたが，徐々にワークに入ることができた。一方で人と話すことが苦手ではない生徒の中には，普段から会話をしている仲の良い友人とだけでワークを進める様子も見られた。

　ワーク実施から数日後，教員に担当クラスの様子を聞いたところ，これまで休み時間に一人で過ごしていた生徒が級友と会話をする場面が見られたことを語ってくれた。

3　定時制高校への大学からの支援

　本事例のアンケートの結果，ワーク中や数日後の生徒の様子から，この取り組みにより生徒間のコミュニケーション風土が促進されたといえる。そして，生徒の校内での社会性や情緒的な安定が高まったと考えられる。年に数回，こういった普段の授業とは異なる雰囲気で支援者が関わる活動を通して，それぞれの生徒の新しい一面を発見することができた。教員や支援者は授業や休み時間の生徒への声かけ，会話のなかに生徒の特性を散りばめて活かしている。学習や部活動での挑戦意欲を高め，興味を広げることに繋がる重要な取り組みで

ある。

　また，このワークがうまく展開した要因として，教員と大学・大学院生が連携したことがあげられる。生徒のことを綿密に把握している教員とワーク実践の知識を有する学生とが協同して実施したことにより，生徒の実態に合わせた新しい取り組みを行うことができた。大学からの支援が活かされた場であった。

　一方で，今後検証すべき課題もある。このグループワークは，対人関係が苦手な生徒の社会性を促す効果が概ねあることが示された。しかし，書くことなどの机上での活動が苦手，対人関係が苦手でない生徒へはワークシートの作成方法や構成的エンカウンターの内容に工夫が必要であるため，より良い方法を探っていくことが課題である。また，対人関係が苦手でない生徒がワークに参加することが，彼ら自身や対人関係が苦手な生徒にとって良い効果があるのかなど，実証されていない要因も残っている。

　また，この取り組みを継続していくうえでの課題もある。まず教員と学生がワーク実施に向けての話し合いの場を綿密に持つ必要がある。また年度が変わると教員の異動や学生の卒業・修了などのために実践の積み重ねが難しい。それらを解決するには今後，より多くの教員・学生が実践に関わり，ワーク経験者を増やすこと，またワークの実施の意義や詳細な内容，生徒の様子を分かりやすく記録し，継続したプログラムを作成していくことが必要になってくる。

【引用・参考文献】

磯田宏子（2009）養護教諭の職務としての禁煙教育―定時制高校での喫煙依存度聞き取り調査結果．人間文化研究科年報，24，213-224.

國分康孝・國分久子（総編集）（2004）構成的グループエンカウンター事典　図書文化社

中田行重・中村絢・日野唯香・他（2011）定時制高校に対する地域臨床的支援の試み．サイコロジスト：関西大学臨床心理専門職大学院紀要，1，23-31.

押江隆（2012）日本の学校臨床におけるエンカウンター・グループの文献的展望．　山口大学教育学部附属教育実践総合センター研究紀要，34，97-106.

田中志帆（2012）定時制高校での教育相談，スクールカウンセリングにおける今日的課題．青山学院女子短期大学紀要，66，79-92.

4 余暇活動で興味を共有して社会性・自尊心を高める

加藤浩平

1 はじめに

　筆者が調査や支援の現場で出会う発達障害や発達凸凹のある子どもたちの中には，学校での成績も良く知的能力が高い子，また海洋生物や電車，ゲームやアニメに詳しく豊かな知識をもっている子，発想がとてもユニークでひらめきや想像力とアイデアにあふれた子など，才能や魅力にあふれた子どもたちが多い。それらの子どもたちの中には，本書のテーマ「2E教育」の対象とされる，発達障害と優れた才能を併せもった子も少なくないと感じている。そんな彼ら彼女らが，「俺はコミュ障だから」「どうせ私にはできない」「話しても理解してもらえないから」と，自分に対する自信を失い，人との関わりに意欲を無くしているのを見ると何とも残念でやりきれない気分になる。

　発達障害，特に自閉スペクトラム症（以下，ASD）の障害特性（またはその傾向）をもつ子どもたちは，その独特な認知特性や感覚特性から，周囲の人と関わるときの適切なふるまいを学習することに困難があり，相手と適切な関係を築いたり，築いた関係を維持したりすることが難しい。また，その障害特性から，学校生活や集団生活の中で他の同年代の子どもたちと同じように・同じペースでできないことが多く，小学校以来，失敗体験や，言動について注意や叱責を受ける経験を多くしてきている（小島，2013）。それらの体験や経験の積み重なりから本人の自己評価が低くなり，ますます新規の活動や他者と関わる活動への参加意欲を低下させてしまう。その結果，集団への参加拒否や不登校などに至るケースもある。

　発達障害や発達凸凹のある子どもや青年たちの社会性やコミュニケーションの支援は，彼らが適切な自己評価を保ちながら学校生活を過ごし，また卒業後に社会で「自分らしく」活躍していくためにも非常に重要なテーマであると言

高校生への社会情緒的支援 | 第5章

える。

2 ASDのある子どもや青年の社会性の支援の現状と課題

　ASDのある子どもや青年（以下，ASD児者）が社会性を身につけていくためには，集団内での活動を通じて彼らなりの成功体験の積み重ねが必要である。その代表的な支援方法として，療育や支援の場などでは，人と関わるスキルを学んで身につけるような「ソーシャルスキルトレーニング」（以下，SST）などの訓練をベースにした介入方法が取り組まれている。しかし，SSTには自ら学んだスキルを自分から活用したいと思う自発性やスキルの維持・発展の面で課題があるとも言われている。特に思春期および思春期以降のASD児者にとっては，SSTのような指導法では動機づけの問題から効果が減少してしまう可能性も指摘されている（藤野，2016）。さらに，支援を受けること自体がその子のプライドを傷つけ，本人が支援を拒否したりする場合もある（阿部，2006）。支援においては彼らの環境，また本人の気持ちや興味・関心などを考慮することが大事といえる。

　SSTのような訓練をベースにした指導が行われる一方で，本人の興味や関心のある話題や活動を題材にASD児者の社会性を支援していく活動が報告されている。例えば，遊び場面のような自然な状況下の活動でASD児者のコミュニケーションの修復に焦点を当てたアプローチ（大井，2006）や，共通の趣味や関心ごとを媒介にして仲間関係形成を目的とした支援プログラム（日戸，2013）などがある。それらの実践の中には，本人が興味のある話題や活動の中での自発的なコミュニケーションがスムーズに進行していることが報告されており，ASD児者の集団参加やコミュニケーションの困難は，興味のない話題や活動を促されることも一因ではないかという指摘もある。

　筆者もまた，余暇や遊びの場で，ASDの診断のある中学生や高校生（以下，ASD中高生）を中心に，小集団活動でのコミュニケーションをベースにした支援活動に取り組んでいる。以下にそれらの実践や研究の内容について紹介する。

3 余暇活動の場における社会性や自尊心を育む支援

（1）筆者が主催する余暇活動，通称「サンプロ」の概要

　筆者は所属する大学の教員や学生たちの協力のもと，発達障害のある子どもたちの余暇活動支援を毎月〜隔月の間隔で，日曜日に実施している。参加している子どもたちは，元々は筆者の介入研究の協力者や期間限定のレクリエーション活動に参加していた子どもたちだったが，活動が好評であったため，継続して参加を希望する子どもたちを対象に定例会化した。「日曜余暇プロジェクト」，通称「サンプロ」である。

　参加者数は活動内容によって3,4名のときもあれば14〜15名のときもある。年齢層も幅広く，小学校高学年の子から大学生，既に社会人として働いている青年（20代前半）までいるが，主に中学生・高校生が多い。参加者は全員，知的障害はないが医療機関でASDなどの診断を受けている子や，発達障害の診断はないが，学校で特別支援教育の対象となっている子たちである。

　本稿では，筆者が主催している余暇活動のうち，メインの活動となっている「趣味トーク」と「テーブルトーク・ロールプレイングゲーム（以下，TRPG）」について紹介する。

（2）「趣味トーク」の実践

　「趣味トーク」とは，数名でテーブルを囲み，簡単なルールの中で，それぞれの関心事（漫画やアニメなど）を，関連物を提示しつつ順番に発表し，仲間同士で話題を共有する活動で，日戸（2013）の「趣味の時間」を参考にしている。筆者が主催する活動では，だいたい2,3か月に1回ぐらいのペースで行っている。「趣味トーク」のおおまかな流れとしては以下の通りである。

①参加者はテーブルを囲み，支援者や学生ボランティアによる司会進行のもと，まず聞く側のルール（「相手の話は最後まで聞く」など，話し手を邪魔をしない最低限の約束事を文字で示す）を全員で確認する。
②最初の発表者は自分が持ってきたもの（マンガ作品やアニメキャラのグッズ

など）をテーブルの上に出し，決められた時間（約5分）の中，その「もの」
について自由に話をする（その間，他の参加者は聞き手に回る）。
③発表後は質問タイム（約10分）となり，他の子どもやスタッフたちが発表者
に質問（「それはどこで買ったの？」「そのアニメで好きなキャラは？」など）
をする。
④質問タイムが終了したら発表者は持ってきたものをしまい，次の発表者の順
番になる。

「趣味トーク」はシンプルな活動ではあるが，中高生ぐらいの年齢でも十分に
盛り上がる。活動では，アニメキャラのアクリルキーホルダーや缶バッジ，ぬ
いぐるみ，アニメ・特撮映画のパンフレット，好きなアニメ・マンガ作品の「聖
地巡礼」（作品の舞台となった実際の土地や建物などを訪れる行為のこと）報告，
自分が描いたイラストなど，さまざまなものが披露される。参加者の高校生の
一人は「学校で話をするのはストレスだけど，好きなことを気兼ねなく話せる
のは楽。聞いてくれる相手がいるのが嬉しい」と言っていた。
「趣味トーク」では，話し方・聞き方の細かい指導は行っていない。話し手は
好きなことを好きなように話して良いし，聞き手も話し手の話の邪魔をしなけ
れば，自分にとって楽な姿勢で聞いてもらうようにしている。
司会進行は支援者が担当することもあるし，子どもたちに任せる場合もある。
支援者はあまりその場を仕切ろうとはせず，黒子としてさりげなく質問者とし
てのモデルを示すように努めている。また，子どもたちと同じような趣味を持
つボランティアの学生が「話題を共有できるお兄さん・お姉さん」として子ども
たちと同じように発表・質問することが多い。
筆者らは，2名のASD中高生を対象に，彼らが「趣味トーク」に参加したと
きの会話内容（逐語録）を分析したところ，共通の関心のある話題での会話にお
いて，彼らの相互コミュニケーションが促進されたことを報告している（加藤・
岩岡・藤野，印刷中）。
ほかにも「趣味トーク」に参加したASD中高生たちに活動への感想について
インタビュー形式で尋ねたところ，次のような回答があった。

○好きなことを安心して熱く語れるのが良かった。

○「趣味トーク」を体験して，友人との会話が確認できるようになった。

○発表タイム，質問タイムと時間が区切られているのがよかった。

○他の人の趣味の話をもっと聞きたいし知りたい。

○物を持って来て，それについて話すのは話がしやすかった。

○他の人が好きなものについて聞けるのは楽しい。

○自分にとって「趣味トーク」はオアシスのような場所。

　他にも「（学校などで友だちと話すときも）相手の興味や状況に合わせて話すように意識するようになった」，「趣味トークを体験して，友だちとの会話を確認しながら聞くことができるようになった」という，趣味トークでの経験が日常にも活かされていると思われる感想を述べている参加者もいた。

　筆者が関わっているASD中高生の中には，「自分の好きなアニメの話をして同級生に馬鹿にされたことがあってとても嫌だった」「親にゲームの話をすると否定されるので話さないようにしている」という男の子や，「少年マンガが好きだけど，同級生たちは（自分は興味がない）恋バナばかり話していて退屈」という女の子がいる。趣味トークのような（学校や家庭以外で）好きなことを安心して話せる場があるという経験は，ASD児者のコミュニケーションへの抵抗感を軽減するきっかけになっているようにも思える。

（3）「テーブルトーク・ロールプレイングゲーム（TRPG）」の実践

　TRPGとは，複数名でテーブルを囲み，参加者同士のやり取りで架空の物語を作り上げていくことを楽しむ会話型のテーブルゲームである。事前にゲームの進行役である「ゲームマスター（GM）」がシナリオ，すなわち物語の設定やあらすじを作成し，他の参加者は「プレイヤー」として，「戦士」や「魔術師」といった物語の登場人物である「キャラクター」をルールに従って作成し，そのキャラクターを通してGMの用意した物語に参加する。コンピュータなどは使用せず，代わりに「キャラクターシート」と呼ばれる記録紙やサイコロ，筆記具などを使用する。

　グループはGMが1名とプレイヤー3〜5名，活動時間は90分〜2時間ほど

高校生への社会情緒的支援 | 第5章

図5-4-1　TRPG活動の様子

表5-4-1　TRPG活動中の会話（抜粋）

G　M：……さて，君たちが薄暗い石造りのダンジョン（迷宮）を奥へと進んでいくと，やがて左右に道が分かれた場所にたどり着く。

戦　士：（他のキャラクターたちに）どっち行く？

魔術師：とりあえず周りを調べない？何か手がかりがあるかもしれないし。

狩　人：それじゃ，地面を調べる。

G　M：地面には何かの動物の足跡があって，右の通路に続いているよ。

戦　士：よっしゃ，足跡の方に突撃！

魔術師：ちょっと待って。GM，アタシその足跡を調べたい。

G　M：いいよ。判定してみて。

魔術師：（サイコロを2個振る）……11！　成功した？

G　M：成功だね。では，魔術師が調べると，それは「ミノタウロス」という半人半獣の怪物の足跡だとわかる。

魔術師：じゃあ，みんなに伝える。「この足跡，ミノタウロスだよ」

狩　人：ミノタウロスって食えるの？（一同笑）

魔術師：たぶんすげー強いよ。こっちが食われるんじゃね？（笑）

戦　士：マジでっ？！　突撃やめます……。

（以下続く）

※「GM」はゲームマスター（TRPGの進行役）。

である（図5-4-1）。「サンプロ」では，子どもたちと学生ボランティアがプレイヤーとして参加している。またGMについては，主にTRPG経験のあるボランティア（学生，院生，OBOG）が担当しているが，最近は子どもたちがGMを担当することも増えてきている。

　TRPGでは，通常のゲームのような参加者間で勝ち負けを競うことを基本的にはしない。代わりに，物語には目標があり（たとえば「迷宮に隠された財宝を手に入れる」など），その目標を達成するために参加者同士がコミュニケーションを取りながら協力して物語を進めていく。会話を通して参加者間で物語を共有し協同作業で物語を創り上げていくという点が，他の一般的なテーブルゲームやコンピュータゲームとは違ったTRPGの特徴である（表5-4-1）。

　「参加者同士がコミュニケーションと想像力を駆使して一緒に物語を楽しむゲーム」と聞くと，発達障害のある子どもたちには不向きな活動のように感じる読者もいるかもしれない。しかし，筆者が関わる子どもたち・青年たちは，毎回，活動の中で積極的に相互コミュニケーションをおこなっており，休憩時間以外に勝手に離席をする子は（普段は学校で「授業中に離席が多い」と言われている子も含めて）いない。以前，参加者の高校生の一人に，その点について尋ねたところ「面白い映画を見たり好きなゲームをしたりしていると，トイレに行くのも忘れて熱中できるけど，それと同じかな」とのことであった。

　これまでの筆者の研究では，TRPGを通してASD児者間の自発的な発話や相手の発言を受けて応答するなど集団内のコミュニケーションを維持・発展させるような発話が促進し，また話し合いの場面でもお互いに意見を交わしながら合意形成に至るようになるなど積極的な変化があったことを報告している（加藤，2016）。他にも，TRPG活動に参加した子どもたちを対象にアンケート調査をした結果，子どもたちのQOL（quality of life：生活の質）の得点が約半年間の余暇活動の前後で有意に増加し，下位項目では「精神的ウェルビーング」「自尊感情」「友だち」の項目の得点が際立って増加していた（加藤・藤野，2016）。

　なお，TRPG活動に参加したASD中高生たちに，活動への感想などをインタビュー形式で尋ねたところ，次のような回答があった。

高校生への社会情緒的支援 | 第5章

○ゲームの楽しさとは別に，他の参加者とのやり取り自体が楽しかった。
○TRPGの経験は，自分を客観的に見る上で助けになった
○学校では，「自分はぼっち（一人ぼっち）だな」と思うことがあるけど，
　TRPGではそういうことはなく，楽しく過ごせた
○ゲーム中の行動が失敗したときもそれはそれで楽しかった

　また，保護者からも「友人とトラブルがあっても関係の維持ができるようになった」「他の集団活動では参加にあまり積極的ではなかった子だったが，TRPGには自発的に参加していた」などの回答があった（加藤，2016）。
　他にも，学校の集団に馴染めず不登校気味になっていた子どもたちが，TRPGでの経験を通して本人に合った方法や役割で他者と関わることや自分なりの形で自分を表現することを学び，それが本人の自信につながり不登校もなくなった，という報告を受けたこともあった（藤堂，2014）。
　筆者は実践研究を通して，TRPGがASD児者の社会的コミュニケーションを促進する要因として，①ルールなどの枠組みの提示，②役割の明確化，③キャラクターを介した間接的なやり取り，の3つを考えている。特にキャラクターを介した間接的なやり取りは，心に過敏性をもち，対人関係で失敗体験を積み重ねている子どもたちが「安全な環境で自分が『やりたい』と思ったことに挑戦する体験ができる」要因として重要であると考えている。

4　おわりに

　辻井（2007）は，ASDを始めとする発達障害は，「○○ができない」「△△が困難」という類の障害ではなく，自然にはできないが，本人の障害特性に合った形でやり方を教われば，本人なりのやり方とペースでできていくようになる障害であることを述べている。
　趣味トークやTRPGという本人の特性に合った環境下での興味・関心をベースにした余暇活動の中では，ASD児者も積極的に集団活動に参加できる。そしてその豊かな知識やユニークな想像力を発揮して，学生スタッフや筆者たちを導いて支援してくれることを，筆者も体験している。また，特別支援教育の

中では発達障害のある子に身につけてほしいスキルとして「援助要請スキル」が挙げられるが，子どもたちは，TRPGなどの活動の中で「援助を要請する体験」だけでなく「自発的に他者（仲間や初参加者の学生ボランティア，またはゲームの物語の中の登場人物など）を助けたり援助したりする体験」もしていることは注目すべきである。

　発達障害や発達凸凹のある子どもや青年を対象にした余暇活動支援は，他の活動との比較研究が難しいなど，研究としての課題も多い。しかし，余暇活動のような本人の自発性を主体にした活動は，従来の学校教育の中だけではなかなか活躍できない才能をもった子どもたちを育むものである。TRPGなどの活動はその中で一つの可能性を示すものとして，その実践内容や研究結果を，教育や支援の現場に向けて，今後も発信していく意義があると考えている。

【引用・参考文献】

阿部利彦（2006）通常学級に求められる理解と支援．児童心理，60（15），60-67.

藤野博（2016）コミュニケーション障害のアセスメントと支援．臨床心理学，16（2），175-178.

加藤浩平（2016）テーブルトーク・ロールプレイングゲーム（TRPG）を活用した社会的コミュニケーションの支援．藤野博（編著），発達障害のある子の社会性とコミュニケーションの支援．金子書房.

加藤浩平・藤野博（2016）TRPGはASD児のQOLを高めるか？．東京学芸大学紀要，67（2），215-221.

加藤浩平・岩岡朋生・藤野博（印刷中）自閉スペクトラム症児の会話の特徴と話題との関連－アニメ・漫画・ゲームを題材にした「趣味トーク」の実践．東京学芸大学紀要，70.

小島道生（2013）発達障害のある子の「自尊感情」を育てる授業・支援アイディア．学研教育出版.

日戸由刈（2013）地域の中の余暇活動支援でできること．本田秀夫・日戸由刈（編），アスペルガー症候群のある子どものための新キャリア教育．金子書房.

大井学（2006）高機能広汎性発達障害にともなう語用障害－特徴，背景，支援．コミュニケーション障害学，23（2），87-104.

藤堂栄子（2014）子どもたちがTRPGを通してはぐくんでいること．加藤浩平・保田琳いただきダンジョンRPGルールブック．コミュニケーションとゲーム研究会，100-101.

辻井正次（2007）特別支援教育ではじまる楽しい学校生活の創り方－軽度発達障害の子どもたちのために．河出書房新社.

第**6**章

大学進学への移行支援

西村優紀美

1　はじめに

　昨今，学ぶ意欲の高い発達障害の特性がある高校生が，より専門的な学問を学びたいという希望を持って大学に進学する時代になり，その人数は年々増加している。独立行政法人日本学生支援機構（以下，機構）は，2005年度より毎年全国の大学等の障害学生への修学支援に関する実態調査を実施しており，ホームページ（以下，HP）でその推移を見ることができる。2016年度調査の報告書（独立行政法人日本学生支援機構，2017）によると，障害学生数は約27,000人で全学生数の0.86％，障害学生在籍学校数は約900校で全学校数の約77％となっており，前年度調査に比べ，障害学生数は5,500人程度の増加，障害学生在籍学校数は18校増という結果であった。これらの増加は，2015年度から「精神障害」の項目を追加し，「病弱・虚弱」の概念を明確化したことも要因となっているが，全国的に大学等における障害学生支援が周知され，受験への障壁が減少した結果であるという解釈もできる。

　同報告書によると，2016年度の発達障害（診断書有）学生の人数は約4,200人で，このうち支援障害学生は約3,000人であった。また，機構では発達障害学生の支援状況に関しては，診断書のある発達障害学生に加え，診断書はないものの発達障害があることが推察され教育上の配慮をされている者に関しても「発達障害（診断無・配慮有）」として調査している。その数は約3,000人で，診断書のある発達障害学生のうち支援障害学生と合わせると6,000人強となり，これも前年度より550人程度の増となっている。

　筆者が勤務する富山大学の2018年3月現在の支援学生の割合は，自閉スペクトラム症（ASD）が60％，注意欠如・多動症（ADHD）が30％，複数の障害特

性を併せ持つ学生は10%となっており、限局性学習症（SLD）のみの学生は0%（無し）となっている。この数値は診断のある学生と診断はないが近似の特性があり支援を行っている学生の数を合わせたものである。

医学的診断がない学生の場合、「障害」を根拠に支援を行うのではなく「修学上の問題」に対する支援を個別に行っていくことになる。その内容は、学生本人に対する「コーチング」が主な支援内容となっており、学生は支援者との対話を通して修学上の問題を解消していく方法を話し合っていく。また、支援部署の支援者だけではなく、学生に関わるすべての者がそれぞれの立場でより適切な支援を模索していく必要がある。たとえば、学部の窓口である職員は、履修上の細かな疑問に対して本人が理解できるような伝え方の工夫を行う。教員は特性に対する授業上の配慮を行いながら、学生が他の学生と同等の学びができるような工夫を行う。一人の学生に対する配慮は、関係者を含む「チーム」で情報共有を行い、学生の教育を受ける権利が損なわれることのないように常に検討し、必要があれば見直しを図っていく。この際、専門部署の支援者は、先に述べた学生の個別支援を行うだけでなく、チームのマネジメントを行う任務がある。

2 大学進学に関して高校生及び保護者が知っておく必要があること

大学等における障害学生の支援については、2012年に文部科学省「障がいのある学生の修学支援に関する検討会」で修学支援のあり方と具体的な方策について、第一次まとめが報告され、2017年には、第二次まとめが報告された（文部科学省、2017）。そこでは、「不当な差別的取扱いの禁止」や「合理的配慮の提供」に関する考え方と対処、「大学等における実施体制」、さらには大学等が取り組むべき主要課題について詳細な説明がなされている。大学進学を考えている高校生や保護者、高等学校の進路担当者は、積極的にこれらの情報を収集していく必要がある。

（1）大学の支援体制の情報収集

文部科学省は2015年度、私立大学等の事業者のための対応指針を策定・告示

した。国立大学等では職員の「対応要領」の策定・公表を行う等の対応がされており，大学ごとの支援のあり方がHP上に明記されている。それを閲覧するだけでなく，直接大学等に連絡し，障害学生支援の窓口があるか，支援を担うコーディネーターが存在するか等を確認する必要がある。また，大学全体で取り組むための支援体制が整備されているかどうかの情報を求め，配慮内容の決定プロセスの説明を求めていくことが大切である。

オープンキャンパス等，大学が高校生に公開される機会を逃すことなく積極的に参加し，希望する学部・学科の研究内容に触れることも大切である。

（2）進路を希望する学部・学科の特徴を知る

学部や学科を選択する際に，高等学校での得意な科目を中心に選ぶことが多いと思われるが，進路希望先の学部・学科がどのような分野の専門性を期待できるのかを調べていく必要がある。大学は，3つの方針すなわちアドミッション（入学）ポリシー，カリキュラム（修学）ポリシー，ディプロマ（卒業・学位）ポリシーをHPで開示している。シラバスの明確化・公開により教育の本質を可視化することで，大学等の選択に必要な情報を入学希望者等に提供している。受験する大学を選択する上で，大学の特徴をつかむことは入学後のミスマッチを回避する上でも重要なことである。

（3）障害特性に対する配慮決定プロセスの確認

大学では合理的配慮の内容の決定手順として，最初に学生からの「意思の表明」が支援の出発点となっている。

富山大学では，図6-1で示した合理的配慮の内容の決定手順の第1段階に示された「障害学生からの申し出－障害学生の意思の表明」より前に，「修学上の困難さを抱える学生及び教職員，家族等，周囲の関係者からの申し出」を支援の出発点としている。その理由として，ASDやADHDの特性がある学生の場合，実際に起きている問題と自分自身の障害特性を関連づけることが難しく，さらには，さまざまな状況を把握し整理して自分の考えをまとめあげることが苦手な人が多いということがある。このことは障害特性そのものに起因するため，合理的配慮の提供には「本人の意思決定過程を支援する」という考え方を採

用している。

　支援者は，学生に起きている修学上の問題を支援の出発点として，その状況の確認と整理を行っていき，最終的に学生の意思の表明と支援に関する合意形成を行っていく（図6-2）。

　内容決定後も，その内容が本当に当該学生の修学を支えるものであるかの検証を行うために，学生からの聞き取りや授業担当者からの聞き取りを行っていく必要がある。また，「ＩＣレコーダーの使用許可等，一度決定した配慮内容で

1．障害学生からの申し出
　　－障害学生からの意思の表明
　　－申し出がない場合、大学等から当該学生に対して適切と思われる配慮を
　　　提案するために建設的対話を働きかける
　　－必要な情報や自己選択・決定の機会を提供する
　　－根拠資料の提出
　　　・資料に有無にかかわらず合理的配慮の提供について検討することが重要
2．障害学生と大学等による建設的対話
3．内容決定の際の留意事項
4．決定された内容のモニタリング

図6-1　合理的配慮の内容の決定手順

1．修学上の困難さを感じている学生及び、周囲の関係者からの申し出
2．障害（特性）のある学生と大学等による建設的対話
　　－状況の確認と整理
　　－必要な情報や自己選択・決定の機会の提供
　　－根拠資料，生育歴，配慮経験，暫定的な支援結果
　　－支援に関する学生の意思表明及び合意形成
3．内容決定の際の留意事項
　　－教育の目的・内容・評価の本質部分の確認
　　－教育の提供の方法の変更等、他の実現可能な措置を検討
4．決定された内容のモニタリングと調整

図6-2　富山大学における修学支援に至るまでの手順

あっても，当該学生の学びを支えるものでなければ，再度検討していくというモニタリングを常に行う必要がある。学生は自身の障害特性に関してどのような配慮が自分にとって有益であるかを大学に伝えられることが大切である。学びやすい環境を自らの声で伝えていくことができるような対話の場が，大学では保障されている。

3 発達障害のある高校生のための大学体験プログラム ── チャレンジ・カレッジ

（1）チャレンジ・カレッジ実施の経緯

　富山大学では2007年度から発達障害学生への支援を開始し，現在では「富山大学教育・学生支援機構学生支援センター　アクセシビリティ・コミュニケーション支援室（以下，支援室）」として組織化され，身体障害と発達障害，精神障害のある学生の修学支援を行っている。支援室では，2014年度より発達障害のある高校生を対象とした大学体験プログラムを企画し，広く参加を呼びかけている（西村，2017）。

　筆者らは，入試事前相談やオープンキャンパスでの個別相談を通して，発達障害のある生徒の困りごとに対応した事前相談のあり方を工夫する必要があると感じていた。実際に相談に訪れた生徒や保護者から，通常のオープンキャンパスでは知りたい情報を得にくいという声を複数聞くことがあり，発達障害の特性に沿った体験型のオープンキャンパスを企画する必要があるのではないかと考えた。特に，入学後の授業時間割や一日の過ごし方，試験やレポートなどの課題に関する情報，勉強以外の大学生活について，ある程度の情報を提供することによって，未知のことに対する不安が解消されれば，自分自身の将来像を描きながら明確な目標を持って，受験期を過ごすことができるのではないかと考えた。「チャレンジ・カレッジ」は，大学進学を目指す生徒に対応したプログラムであり，将来的には高校から大学への移行支援プログラムとして定着させることを念頭に置いて確立させたいと考えている。

　表6-1は，「チャレンジ・カレッジ」のスケジュールと内容の例である。12名ほどの参加生徒にはそれぞれ大学生のピアサポーターがつき，個々に質問がし

表6-1　チャレンジ・カレッジ案内

チャレンジ・カレッジ Challenge College
～発達障害のある高校生の大学体験プログラム～

＜目的＞

今年度，富山大学学生支援センター　アクセシビリティ・コミュニケーション支援室では，将来的に大学等への進学を希望している生徒に対する大学体験プログラムを実施します。大学での生活や，大学では何を学ぶのか等について，また，先輩から話を聞くことによって，大学生活のイメージを確かなものにすると同時に，自分に合った進路選択ができるようになることが目的です。

＜プログラム＞

時　　間	活　　動	場　　所
10:00～10:10	オリエンテーション・自己紹介	学生会館2階
10:10～10:50	大学ってどんなところ?	同上
10:50～11:00	休憩	
11:00～11:50	大学生活のヒント	同上
11:50～13:20	昼食&施設利用体験，休憩	食堂・図書館
13:20～14:00	先輩の体験談に学ぶ ～発達障害のある先輩のエピソード～	学生会館2階
14:00～14:10	休　　憩	
14:10～14:45	大学生活Q&A	学生会館2階
14:45～15:00	アンケート記入	同上

やすいような工夫をしている。ピアサポーターは，日頃から身体障害のある学生の移動介助やパソコンノートテイクの活動をしている学生で，ピアサポーターとしての訓練や実践を重ねている学生である。ピアサポーターとして参加する学生には，チャレンジ・カレッジを開催するにあたって，発達障害に関する講義を受け，留意点等も伝えてある。

（2）大学ってどんなところ？

　ここでは，大学の大きな枠組みを示すことが目的であり，内容について，参加生徒から質問が多いものを順次追加して構成している。2018年3月にDVD化し，支援室HPで公開した。下記のURLからご覧いただきたい。

　http://www3.u-toyama.ac.jp/support/communication/news/what_univ.html

（3）大学生活を送るヒント

　それぞれの障害特性に応じた対処法を伝え，よりスムーズな大学生活への移行を実現するために詳細な説明を行う。特にこれまで，多くの学生が苦戦している中から「スケジュール管理」，「講義の空き時間の過ごし方」，「大学内の相談窓口について」を選び，スライドによる視覚情報を使いながら説明を行ってきた。入学式の前後に必要な手続きとして，時間割の決定，シラバス登録，教室の位置確認，教科書購入等，情報量の多さやするべきことの多さに圧倒される学生が多い。スケジュール管理に関しては，高校のように時間割があり，クラス全員が同じ時間割に沿って授業を受けるというわけではなく，自分で選んだ授業時間割に合わせて，さまざまな準備をしつつ，一人暮らしのスケジュールも組み込んでいかなければならない。そのことを踏まえ，生徒には「スケ

写真6-1　チャレンジ・カレッジ：先輩の体験談

ジュール手帳を使って管理する方法」と「携帯電話のスケジュール機能を使って管理する方法」，また家族共有のスケジュール管理法などを提案し，それぞれの利点を説明する。

（4）先輩の体験談に学ぶ── 発達障害のある先輩のエピソード

発達障害のある先輩の話を聞く機会が欲しいという参加者からの意見を受けて企画したプログラムである。2014年度から開始され，支援を受けていた学生が体験談を語り，さらに参加生徒との質疑応答もおこない，交流を図った。初年度は，卒業し就職活動を経て，障害者雇用枠での就労を果たした先輩から「大学時代に困ったこと」，「支援を受けて改善されたこと」，「卒業後の就労移行支援事業での訓練内容」等に関する体験談が語られた。2年目には，1年生と4年生の在学生に「大学受験のヒントや工夫」，「大学でどのように学び，将来はどのような就職先を考えているか」等の話をしてもらい，「自分自身の特性に対してどのような工夫をしているか」，あるいは「優れた特性をどのように活用しているか」についても言及してもらった。

（5）参加した生徒や保護者の声

本プログラムに参加した生徒のアンケート回答（自由記述）には，以下のような感想があった。

> ・サークルにも興味がわいてきた。
> ・大学内の施設で一人暮らしに必要なものが手に入り，大体の用事を済ますことができることがわかって安心した。
> ・実際に自分たちで予定や授業を組んだのが良かった。
> ・大学は難しいイメージだったけど，いろんな生活に役立つものがあって，勉強の環境が整っていたので，少し安心した。対処法も今後使いたいと思った。
> ・まだ，どこの大学に行くか決めていないので，大学での生活がたいへんよくわかった。大学生活の不安が解消され，楽しみになった。

大学進学への移行支援 | 第6章

　最も多かったのは「先輩の体験談」に関する内容で，つぎのような声を複数の参加者から聞くことができた。

・先輩の声を実際に聞けたのがとても良かった。自分自身と共通することもあり，先輩の話から力をもらった。
・先輩は明るく話していて，いかに大学生活が充実しているかわかった。将来の夢を持てているというのも，前向きになれる理由の一つなのだろうと思った。

　保護者からの回答では，以下のような良い評価があった。

・現役大学生当事者の生の体験談を聞けたことが良かった。
・一般的なオープンキャンパスと違い，発達障害という一つの大きなくくりではあるものの，全てが身近に感じることのできる内容だった。
・一対一でピアサポーターの学生がついてくれたので，個人的にいろいろ聞けたのが良かった。

　その一方で，つぎのような要望や悩みも書かれていた。

・支援室の支援内容やQ&Aなどをホームページに載せてほしい。
・進路選択にはさまざまな心配がある。対人関係やコミュニケーション，生活力，スケジュール管理など，高校生段階でも難しい面が多い。スムーズに思春期を乗り越え，学生生活を送ることを願っている。

　また，「このようなプログラムを提供していることを全国の中学・高校に宣伝してほしい。当日の内容は満点以上と感じた」という声もあり，高大連携の一つの方法として，多くの大学で提供していくことができるプログラムではないかと思われる。

4 おわりに

　大学進学を目指す高校生にとって，大学生活はこれまでの学校生活では想像がつかないことが多い。発達障害のある高校生は，未知のことに対する不安を抱きやすく，必要以上に大きな負担を感じている可能性がある。前もって知っていれば不安が解消される場合も多く，大学は障害学生支援に関する情報開示の重要性を認識する必要がある。発達障害学生に対する支援は，彼らの優れた能力をさらに伸展させる。そして得意な分野の学問を追究したり，自由な発想に基づく研究に取り組んだりする機会が，彼らの優れた能力をより発揮させる場となりうる。また，大学は青年期の精神的な成熟に時間をかけることができる場所でもあり，社会参入に向けてのキャリアを培う場所でもある。学生になったら真に学びたいことが学ぶことができる大学を選び，そこで支援を要請すれば適切な配慮を受けられるというシステムを大いに活用し，適切な大学選択ができることを望んでいる。

【引用・参考文献】

独立行政法人日本学生支援機構（2017）平成28年度（2016年度）大学，短期大学及び高等専門学校における障害のある学生の修学支援に関する実態調査結果報告書.

文部科学省（2017）障害のある学生の修学支援に関する検討会報告書（第二次まとめ）.

西村優紀美（2017）発達障害のある生徒に対する大学体験プログラム「チャレンジ・カレッジ」の試み，LD研究，26（3），321-324.

第7章

2E当事者と親の意識・支援

---

1 2E児者への成人までに望まれる支援

ソルト

---

1 はじめに：診断を受けて

　私は成人になってからアスペルガー症候群の診断を受けた当事者である。小学校に入学してから周囲の人と上手くなじめないことに気付き，特に人間関係のトラブルで生きづらさを感じることが多々あった。

　2004年春，27歳の時にアスペルガー症候群の診断を受けた。その後，自分でもアスペルガー症候群や発達障害に関する勉強をしていたときに，たとえば「当事者の一つの特性として，冗談を冗談として受け止めることが苦手。言葉通りに受け止めやすい傾向がある」と書かれた書物を目にすることがあった。自分自身の悩んでいたさまざまなことが，「特性」として挙がっていたことで，自分が見えたように感じた。アスペルガー症候群の診断を受けたからといって，私自身のすべてがその特性に当てはまるわけではないとは思うが，会話の中で冗談かもしれない言葉が耳に入ってきた時には，周囲の状況を観察し，他者の態度を眺めて気をつけるように心がけている。

　以下では，小学校から高校における家庭や先生との関わりの中で自分にとって役に立った支援，必要な支援を，事例を通して伝えたい。

105

2 小学校以来の行動の特徴：自分だけのものさし

　小学校2，3年生くらいからイジメを受け始めるようになったと記憶している。今，振り返って人間関係のトラブルの原因を紐解くと，「相手のものさし」が見えておらず，「自分だけのものさし」だけで自分勝手に行動していたからではないか，と想像することはできる。当時は，模範解答になるようなものを教えてもらうこともなく，本当に何も状況が見えないまま，「**自分だけにしか理解できない・通用しない価値基準**」で行動していたと思う。今でも常に主観的に行動していて相手に誤解を与えているのではないかと不安になることもある。当時も，悪気がなく，むしろ相手に対して自分なりに誠意を示した態度であっても相手の不快感や反感を招き，結果的にイジメに遭うことが多かったと思う。たとえば，同級生に対して，テストの点数が自分よりも低かったときに「なんでこの問題が分からないの？」とストレートに聞いてしまい，相手が嫌がっていることに気づけずにいたことがある。相手の立場に立って，言われた人がどう思うかを想像することがまったくできていなかった。このように，自分では相手が嫌がることを言っているつもりはないのに，相手がその言葉を聞いて不快に思うことがあり，意地悪をしていると誤解をされたり，迷惑をかけてしまうことが多いという行動パターンであった。

　当時，このような状況になってしまうのは，自分のせいでなく周りのせいなのだと思ったこともあった。そのため，学校や身の回りの環境を変えれば何とかなるのではないかとかなどと考えたこともあった。「自分だけのものさし」に気づいたのは，社会人になって発達障害の診断を受けてからである。診断後，自分の特性を踏まえた上で過去を振り返ってみると，自分の方に非があったと思える事例が多く挙がる。当時から悪気のない態度であっても自分にしか理解できない価値基準，他人に通用しない価値基準がトラブルの要因としてあったということに，発達障害の特性を通じて気づくことができた。

何が問題なのかがわからないまま進学した中学生時代，イジメは更に
ひどくなり，暴力を振るわれて怪我を負い病院に行くようなことや，多
額の現金を巻き上げられるようなこともあった。高校を受験する時に
「このままの環境ではいけない」と危機感を感じ，学則の厳しい高校，イ
ジメのない高校をあえて選んだ。その結果，イジメはなかったものの人
との関係では思ったような拡がりがなく，高校を卒業する時期には，自
分の言動が原因ではないかと疑いを持ち始め，「今の自分のままではい
けない」と思いはじめた。ある意味，コミュニケーションや人間関係は，
その分野の勉強が足りない，勉強すれば何とかなるのではないかと考え
るようになり，「大学では専門の勉強に加えて人間関係もしっかりと勉
強しよう」と決心していた。

【望まれた社会的支援】

当時，「自分だけのものさし」に頼った場違いな言動が多かった自分に対して，
一つ一つのトラブル事例に対する客観的な視点を提供してくれるような支援，
つまり，自分自身のものの見方を客観的に示し，より適切で模範となるような
具体的な態度について説明し，教育してくれる支援があれば良かったと感じて
いる。当時，行動を修正するための支援を受けたこともあったかもしれないが，
注意された内容が理解できず腑に落ちなかったため，根本的な解決にはならな
かったのだと思う。私自身が自分の言動に気づき，状況を理解し修正するため
には，可能な限り具体的で順序立てて可視化できるような指導や支援の仕方が
必要であったと振り返る。

3 苦手・得意なことと支援

学習面に関して振り返ってみると，小学校の時から得意な科目と苦手
な科目がはっきり分かれていた。得意な科目は，覚えればできる科目や
公式などで理解できる科目，具体的には算数，社会，理科，国語の漢字，
音楽である。国語の漢字は音読・訓読のイレギュラーはあるが，書くこ

とで暗記できるので勉強しやすかった。一方，苦手な教科は国語の現代
文や文章読解，美術であった。美術と音楽は芸術分野として同等に並べ
られることが多いが，音楽は両親が情操教育の一貫として，私にピアノ
を習わせていたこともあり，幼少期から楽器に親しむ環境であったので，
私にとっては得意分野であった。

　文章読解は解答・解説を読んでも文章の内容を理解できないくらい重
症で，理解できないまま時間ばかりが流れていった。文章読解が分から
ないことと類似しているのか，ドラマや映画などもイメージして理解で
きないので，面白さも分からないことが多かった。美術ではイメージを
表現する力が求められることが多く，何をどのようにイメージしたら良
いのか分からず辛い思いをした。何が難しいのか，なぜできないのかを
伝えることができないことが辛かったが，先生もどのように指導したら
良いのか分からなかったのかもしれない。

【望まれた苦手への支援】

　文章読解や抽象的な課題などの苦手分野に対しては，個別に私の思いを聴き
取り，よりわかりやすい説明をするなどの個別指導をしていただきたかった。
たとえば，苦手な科目に関しては，学年相当よりも易しい課題であっても私が
理解できる程度の課題から始め，抽象的な言葉から具体的な描き方やイメージ
の作り方などのプロセスを指導するなど，私が理解して表現できるまでの徹底
した個別指導を早期から行ってもらいたかった。

　得意科目であった算数に関心をもつきっかけとなったエピソードとし
て，母親の大きな影響がある。小学校入学前，数字に関心のある私に対
して，母親は一桁，二桁の四則演算の問題を名刺サイズのカードに書い
て私に提示し，私が解答するということをゲームのような感覚でやって
くれた。このような遊びのように楽しい学習方法は，小学校入学前か
ら3年生頃まで行われた。内容は学年が進むにつれて徐々に難しくなっ
ていったが，母親も楽しそうに付き合ってくれたので，この時間が楽し
みだった。現在，私は会計・経理の仕事をしているが，数字への興味の

きっかけはこのような計算ゲームであり，母親との楽しい時間を持つことにより，数字に興味を持ち，夢中になれたのだと思う。さらに，数字への興味を深めるエピソードは電卓である。私にとって電卓は小さな頃からおもちゃだった。小学校2年生で九九を覚えるのだが，私は小学校入学前から電卓で遊んでいた。はじめはでたらめに押しているだけだったが，そのうちに，2と5をかけると0が増えるなどの法則に気がついていた。割り算も同様で，学校で教わる前から，いろいろなパターンを繰り返すことで，さまざまな法則に気付いていった。この計算遊びがきっかけとなって四則演算の法則を楽しく学んでいくことができた。

　学校の勉強でも算数や数学が得意科目になり，大学の研究ではデータ解析に応用できた。仕事ではシステムエンジニアから経理に転職したが，経理に転職した理由は，数字が好きであり，自分に向いていると分かったためである。

【得意を活かすための支援】

　このように好きなこと，得意なことを見つけ出し，能力とスキルを伸ばすことによって，それに付随する分野の勉強にも意欲をもつことができ，結果的に強みを活かした社会参加ができていると思っている。

　私はたまたま数字が好きだったので，数字に関わるエピソードを例に挙げたが，誰にでも好きなこと，得意なことは一つや二つはあると思う。何であるかは問題ではない。たとえば，車が好き，電車が好きということを「得意を活かす鍵」としてみた場合，それをきっかけに地理を覚えるとか，世界の車・電車に目を向けたり，車や電車の車輪の動きやエンジンを学んでいくなど，物理・工業への興味に拡げていくことも可能である。また，車のドライバーを目指すなど，いろいろな分野に仕事としてつなげていくことができると思う。

　得意を活かすためには，まずは本人の強み・特技を一緒に見つけて本人が自信をもって取り組んでいくことができるような支援が求められる。そして，その強みや特技を活かしつつ，その裾野を広げていくスタイルの勉強方法を確立させて，社会参加につなげていくための支援が必要である。支援者にはそのための支援スキルを高めてほしいと思う。学ぶ環境を考えると，学校や職場に本

人の強みを把握してもらい，本人の強みを発揮できる環境を整えることで，本人が自信を持って学習や仕事に取り組み，自らの自尊心を高め，生きづらさを解消できるような場へとつながっていくと考える。本人の弱み・苦手な部分をフォローしながら，強み・特技を活かした社会参加に結びつく支援が，今後ますます求めて得られる社会になっていくことを希望する。

4　私にとって良い先生と苦手な先生

　私はコミュニケーションに困難さがあるので，そういう特性に理解を示してくれて，本当に分からないのだという私と同じ視点で一緒に考えてくれる先生が，私の好みの先生であった。どんな些細なことであっても親身に話を聞いてくれる先生，また何でも最後まで相談に応じてくれる先生である。私が遭遇したトラブルから，私が理解でき受け入れられる方法で客観的に解説をして気づかせてくれて，私が実行して，それを持続していくことが可能な形で自分自身の気持ちの持ち方や言葉での表現，行動の仕方を教え，さらにはフォローもしてくれる先生が，もっとも信頼できる先生であった。一方，苦手な先生は，たとえば「他の生徒ができているのに，なぜ，あなたはできないのですか」とか，「A君はちゃんとできているでしょう，あなたもそうすればいいのよ」というように，曖昧な表現で一方的な叱り方をする先生であった。具体的な対処方法を教えてくれない先生の指導は，私は理解できず，そういう先生とのやりとりにも苦労した。また，一般常識を強要する先生や，コミュニケーションが不器用であることの意味を理解してもらえない先生，勉強では苦手科目に対して「怠けている」等と判断する先生は苦手であった。私は自分なりに一生懸命やっているものの，解決の糸口さえ見つけることができなかったためである。

5 強みと弱みの特性に応じる支援

　我々，発達障害当事者の一人ひとりが固有にもっている強みと弱みの特性に対して，強みを伸ばし，弱みをフォローする支援が必要である。

　弱みの特性としては特に社会性の障害，コミュニケーション障害が挙げられ，その支援のあり方を考えてほしい。これらコミュニケーションの問題の多くは，生活環境の中から自然と身についていく性質のスキルが習得されていないことから生じるものであるが，学習して身につけるコミュニケーションスキルにも限界がある。たとえば，「一を聞いて十を知る」，「相手の気持ちを察する」，「イレギュラーに対する適切な対処」等の類いが困難なためである。だからこそ，以下の三点を確認しておきたいと思う。

・支援者には，本人のつらい体験について共感的に耳を傾けつつも，状況の**客観的な解説の提供**をしてほしい。
・包括的な表現ではなく，一つ一つの場面ごとに教えてくれる支援，すなわちどういう時にどうしたらいいのかを，困った場面を捉えて，当事者が理解できる表現方法で**教える支援**が必要である。
・上記のような**身近な支援**がたくさんあることによって，コミュニケーションに対するスキルが身に付き，その結果，障害が軽減され，社会に適応していくことにつながっていく。

　読者の方々には，発達障害がある人のコミュニケーションの特性がどのようなものであるかを理解すると共に，特性に対して専門的な知識を携え，寛容な心で受け取めて，コミュニケーションが原因のトラブルを未然に防げるような支援をお願いしたい。

　我々，当事者が面談等で習った対応方法を生活の中に取り入れることで社会的コミュニケーションがうまくいく体験を積み重ねることができると思う。つまり，一つのトラブルを振り返り，対処法を知り，トラブルが解消されていくサイクルを続けられるような**継続的・長期的な支援**が必要である。

　強みの特性に対する支援について最後に一言述べたい。当事者の一人ひとり

がもっている特有の強み・特技がある。各々の強みが学習や仕事につながり最終的には本人に合った社会参加に結びつくと考えられる。私は数字が好きで，幼少期に母親が能力・スキルを伸ばす環境を作ってくれた。今は，その能力を活かした仕事で社会自立を果たしている。数字から始まり，統計・エクセル・プログラム等の勉強や，仕事としては簿記・会計の勉強を行うことなどが社会参加につながっている。支援者は本人の強み・特技を一緒に見つけて本人に自信を付けていく支援を行ってほしい。また，強み・特技を活かした裾野を広げていくスタイルの勉強方法は，本人の自尊心の向上につながり，生きづらさの解消に結びつく。支援者が当事者と一緒に本人の強みを活かすための生き方を模索されることを強く望む。

＊筆者の「当事者からのメッセージ」についてさらに詳しくは，こちらのホームページをご覧
いただきたい。
http://www3.u-toyama.ac.jp/gp07/contents/salt/index.html

第7章 2E当事者と親の意識・支援

2 障害と才能を認めて 母親も人生を楽しむ

小坂智子

1 発達障害児を育てる

（1）あれ？　なんかウチの子，ちょっと違う？

　我が子の発達障害に多くの母親が気づくのは，生後1年過ぎくらいからであろうか。あるいは生後間もなくから違和感を覚えていた場合もあれば，就学してから他の子どもとの違いに気づく場合もあるかもしれない。

　掃除機をかける度に耳を塞いで号泣。ひたすら同じことを繰り返すだけで意味を見出せない一人遊び。手のひらを自分に向ける「逆さバイバイ」。言葉の遅れに加えて，なかなか上手くいかない意思疎通。好き嫌いが激しく思うようにご飯を食べてくれない。1歳を過ぎても続く夜泣き。全くできない集団行動。それでも記憶力は良いし，昆虫や電車など興味のあることへの集中力と知識は博士並み。成長は少し遅れているかもしれないけれど，知的な遅れは無いように感じる。

　このような育児マニュアルにある定型発達とは少し違う子どもの子育てに不安を感じている頃，「お子さんの発達は少し遅れていますね。一度発達検査を受けてみてはどうでしょう？」と3歳児健診や幼稚園・学校の先生から発達障害を指摘され，不安は確信へと変わる。「私が産んだ子は障害児なのだ……」

　「なぜ私の子どもが障害児なのか？」「私が何か悪いことをしたのだろうか？」「どうして私の人生はこうなってしまったのだろう？」現実を突きつけられ，当初は戸惑いと不安にさいなまれる。それからの我が子への想いや対応は，人それぞれになる。一方では専門医を受診し診断を受ける，自治体の発達支援教室等に通い療育を開始する等，積極的に行動する。他方では「私の子どもは発達障害なんかではない。ただ成長がのんびりしているだけで，いつか他の子たち

113

に追いつく」等，全力で否定する。しかし，その母親の多くはその事実を他人に話せず，一人悩みを抱え込んでいる実態をしばしば耳にする。

（2）発達障害児を育てる母親の生涯発達プロセス：日米の違い

障害児を育てることは物理的にも精神的にも大変なことであろう。しかし，なぜそれを他人に隠して一人で抱え込まなければならないのだろうか？　障害があろうがなかろうが「我が子は唯一無二」でしかないはずだ。我が子の幸せな人生を願うのは，ほとんどの母親の共通の願いであろう。

小さい子どもには人生におけるその時々の選択の自己決定権は無い。医療・療育・教育等のどのような環境で育っていくかは，全て絶対的権威である親が決定する。しかし，頑なに我が子の障害を否定するあまり，適切な支援を受けられず，親子共々環境に不適応を起こしたり，悪循環に陥り，果てはうつ病等の二次障害に至ってしまうなど，悲しい現実が多々あるのも事実である。

さて，筆者は高校生の時にアメリカに短期留学したことがある。アメリカは多人種国家で，その差別問題は日本とは比べ物にならない。しかし，日常生活において街を行き交う人々の人種など誰もいちいち気にしていない。人はそれぞれ見た目も中身も違っていて当たり前で，他人と意見が違ったら，とにかくハッキリと自己主張する。黙って下を向いていたら誰からも認めてもらえない。日本では和を重んじ，皆一緒であることが求められがちで，人と違うことをすると目立ち，つい他者に同調し控えめに行動しがちであったのに…。その文化差は，多感な思春期の筆者のその後の生き方に大きな影響を与えた。そこで筆者は，同じ発達障害児を育てる日本人の母親でも，文化が違う環境でその育児過程において同じような心的プロセスを辿るのだろうかと疑問を感じた。

2 発達障害児の母親が親になっていく過程の日米比較

本節では，日米で知的に遅れのない発達障害児を育てる日本人の母親数名にインタビューを実施し，「親になっていく」すなわち「我が子の障害と才能を受け入れて育てていく」ことに焦点を当てて分析する。そのために，人生径路を時間的な変化と文化社会的文脈のなかでとらえる「複線径路等至性アプロー

チ」（TEA：安田ら, 2015）を用いる。その個々人の育児プロセスを母親の生涯発達の観点から分析して，その時々の選択や行為，気持ちや認識の共通性と多様性を捉え，今後の発達障害児の育児へのモデルとして何らかの示唆を得たい。

（1）日米の事例

　以下に，日米一つずつの事例の概略をまとめる。各事例は，プライバシー保護の観点から一部を変更し，複数の事例に共通する特徴を盛り込むなど編集してあり，実際のケースそのものではない。

A）日本の事例：ヒロミさん（40代女性・仮名）

【母親の背景】

　大学卒業後，メーカーに就職。社内結婚した夫との間に一女一男。第二子出産後に退職し，現在は専業主婦。当該女児Aは現在高校1年生，16歳。

【子どもの困難と対応】

　Aは乳幼児健診では発達に特に問題なしとされた。地元の公立小学校へ入学。明るく活発な性格で友達も多かったが，小学3年頃より算数の授業についていけなくなる。小学5年の時，担任より算数学習の困難を指摘され発達検査を勧められる。結果，限局性学習症（SLD）傾向と言われ，小学6年より特別支援学級に入級。普段は原学級で過ごし，算数のみ支援学級で個別学習。しかし入級の事実を知った他の児童によるいじめが始まり，自尊心が低下して卒業までほぼ不登校となる。その後地元の公立中学校の支援学級に進学するが，Aの強い希望で支援学級に在籍していることは，通常学級の生徒には秘密にしておかれた。

【才能とそれが活かされた様子】

　Aは幼少より運動神経とリズム感が良く，小学校の運動会では毎年大活躍。中学からはダンス部に所属。練習にも真面目に参加し，その人懐っこい性格から先輩にも可愛がられ，大会でも好成績を収めていった。しかし，中学2年の夏休み前に，ある教師がついうっかりAが支援学級在籍であることを，Aが支

援学級に通級している間に通常学級の生徒の前で話してしまった。そのことにショックを受けたＡは再び不登校に。校長や担任が謝罪するも，Ａの心の傷は癒えず，その後ほとんど登校できないまま中学卒業を迎えた。

　高校は，Ａの希望で，不登校や発達障害等様々な困難をもつ生徒が在籍する，通学通信併設の単位制の私立高校へと進学。当初は目立ちたくない意識が強く，大人しい存在だったが，学校の宣伝ＣＭを作るというグループ学習コンテストで最優秀賞を受賞。Ａの女優のように堂々とした演技力も高く評価された。その後に開催された文化祭では，教師達の勧めも後押しとなって，自らミュージカルを企画・演出・主演。教師や生徒から高い評価を得た。少しずつ本来のＡらしさが発揮できてきているという。

【母親の意識】

　Ａのためにと思って入級させて，Ａのペースに合わせてくれた勉強面の支援は有難かったが，本来のＡの良さは失われてしまった。不登校の間は親子共々苦しんだ。しかし今の高校に入ってから，「もうSLDであることを隠す必要がなくなった」と毎日楽しそうに通学する姿を見て，本当に良かったと思っている。難しい数学の公式などは大人になったらほとんど使うことはない。これからは，できないことを無理に勉強させるより，得意なことだけ伸ばしていけたらいいと考えている。

B）アメリカの事例：マイコさん（40代女性・仮名）
【母親の背景】

　日本で生まれ育ち，大学卒業後にアメリカの州立大学に留学し，コンピュータグラフィックを学ぶ。卒業後は現地のウェブデザイン事務所に就職。仕事で知り合った白人アメリカ人男性と結婚し男児Ｂを出産するも，その後離婚。現在はウェブデザイナーとして独立している。Ｂは現在，高校２年生，16歳。

【子どもの困難と対応】

　Ｂは乳幼児期指さしをせず，アイコンタクトにも乏しく，名前を呼んでも振り返らない等，乳幼児チェックで自閉傾向を示したため，２歳で専門医を受診

し，自閉スペクトラム症（ASD）と診断された。以来，週2回，自宅にOT（作業療法士）やST（言語聴覚士），心理士等の専門職が訪問する形で療育がスタート。3歳よりプリスクールに優先的に入園。その後地元の公立小学校に入学。知的に遅れはないが発達に凸凹が認められ，教師や専門家から成る支援チームと保護者により決定されたIEP（個別指導計画）により，週に2〜3時間リソースルーム（特別支援教室）に通級して専門療育を受ける等のインクルーシブ教育を受ける。

【才能とそれが活かされた様子】

　幼少期より聴覚過敏が認められるも，音楽に造詣の深い母は，Bの音程感覚の良さに気づき，3歳よりピアノを習わせた。小学1年からのコーラスの授業では他児との音程の違いにこだわったり，集団行動に馴染めない等の問題があった。しかし，K（幼稚園）学年（小学校入学前に1年付属）から高校まで一貫した専門家も含む支援チーム，特に配置された支援員の手厚い支援により，その才能を発揮した。任意の放課後のクラブ活動でもコーラス部に所属し，居場所を確立すると共に自尊心を高めていけた。中学からは支援なしで参加可能となり，高校では演奏会でソロを担当するまでになる。一貫した専門知識豊富なヘルプチームの支援によりコーラスという集団活動に参加でき，それによって自分をコントロールする力が付き，コミュニケーションも上達したと，母親は感じている。

【母親の意識】

　診断を受けることにさほど抵抗はなかった。アメリカでは，人は皆違って当たり前で，障害も個性のうちの一つと捉えられ，恥ずかしいことでも隠すことでもない。支援に関するものは全て無料であるなど障害児への社会の支援システムは充実しており，むしろ診断を受けて支援してもらえる権利を獲得することの方に利益があると考えられる。ASDというレッテルがついたら一生悩まされるということはない。アメリカでは一芸に秀でたり，何かで成功すると一目おかれ認められ，皆に成功するチャンスがある。親として子どものためにやってあげられることは何でもやってあげたいという一心で行動してきた。

（2）分析結果が示したこと

　TEAを用いて，日米各々3名の母親のインタビュー発話記録を質的分析した。日米各々の発達障害児の母親が親になっていく過程と，子どもの才能が開花する様子を図7-2-1と図7-2-2の「TEM図」で表し，時間系列による変化を捉えた（結果の一部のみ表示）。

① 日本の事例について

　1歳半や3歳児健診等の集団健診のスクリーニング（選別）で発達の問題を見落とされ，母親がなんとなく我が子の発達に違和感や不安を持ちながらも，早期発見・介入されないまま成長する。そして困難が顕著になる就学以降に，教師からの指摘により，または不登校等の二次障害を発症してから発達障害に気

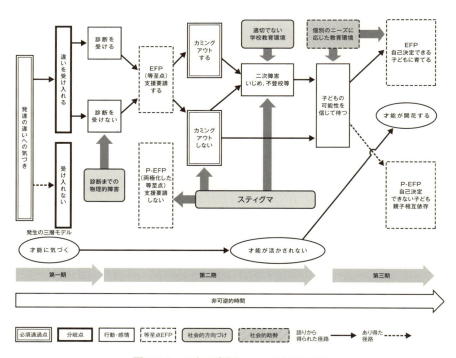

図7-2-1　日本の事例についてのTEM図

2E当事者と親の意識・支援 | 第7章

づく場合が多かった。気づいた後，発達検査や診断を受けようと決意しても，診断を受けることに抵抗を感じる母親も多かった。医療と行政，教育が互いに連携しづらい縦割りシステムや，初診までに1年以上待つなど複雑で時間のかかる物理的な壁や，「人と違わず和を重んじる集団意識」「日本古来の家制度」といった日本特有の文化（Davis, & Noguchi, 2002）により，「障害」というレッテルがつくことは一家の「スティグマ」（stigma：汚名の烙印）であるという考えになりがちだからである。

そんな葛藤を抱えながらも，困難を抱える我が子のために何とかしてあげなくてはならないと，特別支援学級に入級する等の支援を受けることを決定するのだが，その後についてくるのは，一般にカミングアウトするかしないかという決意である。カミングアウトしたが故に学校でいじめに遭ったりして，不登校になってしまう事例も多い。そこには，先に述べた日本特有の考え方や，学

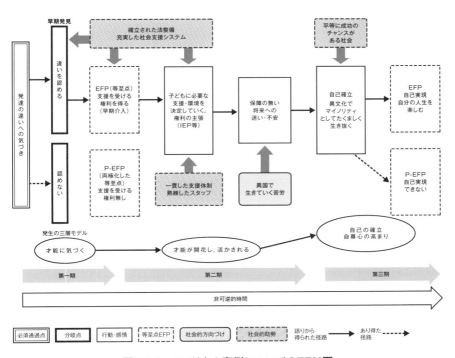

図7-2-2　アメリカの事例についてのTEM図

119

校教育現場で専門知識のある高度に熟練したスタッフが十分育成されていない
現状が大きく影響していると考えられる。その結果，人と違った才能をもった
子どもは目立つことを避け，才能は活かされず，学校に何も期待しなくなり，
ひたすら発達障害であることを隠し通し，適切な支援を求めづらくなり，親子
共々悩み苦しむ姿が見えた。しかし，義務教育以降は，多様な子どもの個別の
ニーズに応じた教育環境として，昨今増えつつある選択肢から選ぶことにより，
その才能を開花させ，「何事も自己決定できる子どもに育てる」ことに至る径路
が見出された。

② アメリカの事例について

　アメリカの乳幼児健診は，個人で近隣のかかりつけの医師に受け，その際に
発達のチェックも受ける。簡易チェックで障害の疑いがあり，支援が必要とな
れば早期から専門的介入が行われる。診断は医師のみでなく心理士等も行うこ
とができる。さらに学校には独自の評価基準とチームがあり，日常の様子を見
て支援の必要性が決定される。支援を受ける権利を獲得するまで，日本ほどや
やこしく長い径路を辿らない。人権や障害者に対する法律や，充実した社会支
援システムが整備されており，学校教育ではＫ学年から高校まで専門化され一
貫したサポート体制があり，個々の子どもの才能を伸ばしやすいものであった。
　診断を受けることに抵抗やスティグマ（不名誉）を感じる母親は少なく，支援
を受ける権利を得ることによる利益を優先させていた。また，アメリカは多民
族国家で差別も厳しい一方，全ての人に機会が均等に与えられ，勤勉と努力に
よって誰でも成功する可能性もある国と言われている。そんな異文化の中でマ
イノリティながら日本人としての良さも維持しつつ，ライフスタイルの独自性
を確立し，たくましく自分自身のライフ（生活・人生）を楽しむ母親個人の姿が
そこにはあった。

3 アメリカ流子育てから考えさせられること

　日本とアメリカでは文化も，障害児に関する法律も，社会サポート体制も，
学校教育の質も違うことだらけである。日本の発達障害児とその母親を取り巻

く環境が，今すぐアメリカのようになることは難しい。それならばむしろ日本の現状を受け入れ，自分に都合良く開き直ってみるのはどうだろうか。子どもが学校はイヤと言うなら休ませて，一緒に買い物に行ってみてもいい。理解してくれない学校に期待するのをやめるという選択肢もある。

　制度や仕組みなどの「外の壁」を壊すのは難しいが，自身の「内の壁」を壊し現状に柔軟に対応していくことは比較的たやすい。人と違っても，一時的にドロップアウトしても，いつでも人生を挽回できるチャンスはあるはずだ。母親は，家を守ることや子どものために自己を犠牲にするような良妻賢母である必要はない。もし配偶者とうまくいっていないなら，嫌々子どものためにと婚姻関係を継続する必要もない。発達障害児を授かり育てることは，それもまたかけがえのない自分の人生である。母親自身も，ありのままの自分を受け入れ，何にも誰にも遠慮することなく自分の気持ちに正直に，一度きりの人生を自由に楽しんで欲しい，と筆者は願っている。

【引用・参考文献】

Davis, R. J. & Ikeno, O. (Eds.) (2002) *The Japanese mind: Understanding contemporary Japanese culture*. Tokyo: Tuttle Publishing.

安田裕子・滑田明暢・福田茉莉・サトウタツヤ．(2015)．TEA理論編：複線径路等至性アプローチの基礎を学ぶ．新曜社

3 不協和感のある才能児の自己理解と母親の共感を促す

水野晶葉

1 2Eに似るが異なる特性のある才能児

　2E児が才能と発達障害を併せもつ一方で，一見発達障害かもしれないと疑われるが実はそうではなく，周りと違うことに苦しむ才能のある子どもがいる。学校で心から友だちと同じように一体となって楽しむことができなかったり，家庭で両親に本当の気持ちを分かってもらえていないと感じたりする。そうして混沌とした形の見えない「どこか違う」という感覚を，心の片隅に感じながら生きていかなければならない。このような子どもたちの表出した行動の中にはASDやADHD等の障害特性と類似したものもあるが，それらは障害ではなく，本人の特性に起因するものである可能性がある。例えば，ダブロフスキー（K. Dabrowski）の「超活動性」（overexcitability：OE，第1章3参照）は，知的・想像的・運動的・情動的・感覚的の5つの領域で構成され，そのうちどこかの，または全ての領域で思考や感じ方，行動等に「ふつう」（regular）の人よりもエネルギーが注がれた結果，各領域の活動が良くも悪くも過度に強まってしまう。知的・想像的・運動的な観点ではADHDに類似したり，情動的・感覚的な観点ではASDに類似したりする。

　そこで，このように発達障害をもつわけではないが，2E児と同様に適合した環境では能力を発揮でき，不適合な環境では馴染めずに能力が十分に発揮できない子どもを，「不協和感のある才能児」（gifted child with discordant feelings：GDF児）と呼ぶことを筆者は提唱する。目に見える行動から生じる困難は周囲の人に理解してもらいやすいが，GDF児の内面にある根本的な特性が複雑に絡み合って生じた「どこか違う」という目に見えない感覚は，なかなか周囲に理解されづらく，受け入れてもらうことが困難である。また，本人が自らの不協和感の原因を探って解消を試みても，特性は性格と同様のもの，個

性のひとつであるため，治るものではない。

2 不協和感のある才能児の内面の語りを分析する

GDF児の内面にある混沌とした生きづらさは，本人でさえもそれを解きほぐし，明白に自覚することは難しい。その生きづらさを「ふつう」の母親が理解し，共感するのはそれ以上に難しいことであり，本人以上に母親が苦悩することも少なくない。そこで，チェックリストを話の糸口とした，面談者（筆者）との対話を通して，GDF児に自分の内面を語ってもらうことで，本人が自らの内面にある特性を意識化できるような介入を試みた。また母親に，面談から把握できたGDF児本人の表出した行動の奥に隠れた気持ちや考え等（「根本特性」と呼ぶ）を説明することで，母親から子どもへの理解・共感を深め，母親として子どもの心に寄り添っているという安堵感を得られることを目指した。

（1）本人の内面分析の方法

A）インタビュー対象者

GDF児として，ツバサくん（高校3年・男子），および母親の親子ペアの事例を以下に紹介する（事例は，本質を損なわない程度に個人情報を脚色した）。

○事前にツバサくんから聴き取ったプロフィールの一端

数学が得意で，中学生のときに高校範囲の内容を進めて学習していた。小学生の頃から学校へ行くことが苦手で，高校1年生のときに雪中サッカーで骨折し入院してから，得意であった数学の授業についていけなくなったことをきっかけに不登校になった。それ以降，学校は行こうとしても行けないため，保健室へ週一で話をしに行っていた。高3の夏に高卒認定に合格した。AIロボットに興味があり，その分野について学ぶことができる大学を目指している。人を悲しませるようなこと・状況が苦手で，そうならないよう予防線を張って慎重に行動し，いい人でいようとしすぎてしまう。部活の仲間など周りの人に恵まれ常に支えられていると感じているが，仲間内の雰囲気が悪くなったりすると，支えが崩れてなくなり，不安定になる。

本人のプロフィールから以下のような才能行動と不適応行動が窺える。

○**才能行動**……完璧主義（得意なことはとことん極めようとする）／数学が得意／物語など文章を書くのが得意／人あたりが良く協調性が高い／人一倍思いやりがある／他者の心の変化を敏感に感じ取る

○**不適応行動**……完璧主義（苦手なことの存在が許せない）／不登校／思考がネガティブになりがち／不眠の症状（明日が怖い）／うつ傾向（想像して病む）／「死にたい」と感じ，行動に移したこともある／過度な責任感を感じやすい

B）チェックリストの材料
① **超活動性（OE）チェックリスト**
　リヴェロ（L. Rivero, 2010）の記述をもとに，5次元，50項目，3件法として筆者が作成した（表7-3-1）。
② **HSC（Hyper-Sensitive Child：敏感すぎる子ども）チェックリスト**
　日本ではOEに関連してより広く用いられる（第1章3参照），アーロン（E. N. Aron, 2002）の23項目，2件法のチェックリストを利用した。

○ HSCチェックリストの項目例

服の布地がチクチクしたり，靴下の縫い目や服のラベルが肌に当たったりするのを嫌がる／しつけは，強い罰よりも，優しい注意の方が効果がある／親の心を読む／大きな変化にうまく適応できない／完璧主義である／誰かがつらい思いをしていることに気づく／静かに遊ぶのを好む／細かいこと（物の移動，人の外見の変化など）に気づく／など

C）手続き
① 本人にチェックリストへ回答を記入してもらいながら，当てはまると回答した項目について，「こんな感じの出来事で，パッと思い出せることはある？」というように尋ねることで，面談者（筆者）が半構造化インタビューを行った。すなわち，チェックリストの質問項目を話の糸口として，さらに質問を重ねて

2E当事者と親の意識・支援 第7章

表7-3-1 超活動性チェックリストの項目例

知的	他の人が見逃すような細かいところに気づいたり，それを覚えていたりする。
	興味があれば難しい問題の解決方法を根気強く考える。
	真理や公正，正義など道徳的な問題について深く考え追究する。
情動的	他の人が苦しんだり悲しんだりするような状況を見聞きすると，悲しみなどの負の感情を強く感じる。
	愛着や思い出のある物はなんでも取っておいて溜め込む。
	他人への過度な責任感に苛まれる。
想像的	未来や未知のものを想像して恐れることがある。
	自分が創り出した世界の中に，はまり込むことがある。
	詩や物語を，自分が楽しむために書く。
運動的	たくさんの活動をしたくて，何もしないではいられない。
	強い競争心を感じることがある。
	爪を噛んだり髪の毛をねじったりするような癖がある。
感覚的	衣服は，柔らかくて自然な素材を好む。
	自然や芸術，日常風景に接すると，美しいと感じ心を動かされることが多い。
	時計の音など，小さな雑音でもうるさく感じて物事に集中できない。

話を展開した（当てはまると回答した項目数の多少を問題としたのではない）。

　また，インタビューをしながら，発話の筆記記録も行った（今回のインタビューでは，全発話を記録するよりも，面談者と対象者が「対話」をするという点が重要であったため，あえて筆記による記録をした。録音機器を用いてしまうと発話の全てが機械的に保存され，研究データのためのインタビューであるという印象を与えてしまい，本人の内面の十分な語りを妨げてしまう可能性が考えられたからである。そのため本人が記録として残したくないとした発話部分は記録を省略した）。

② 本人に回答してもらいながら，面談者が気づいた点をフィードバックした。

③ 母親に別途，面談者が把握できた目に見えない「根本特性」をフィードバックした。母親には事前に本人と同一のチェックリストについて，子どもに当て

125

表7-3-2　超活動性が複合した場面の例

〇**知的×情動的**：普段から他の人が目に留めないような他人の気持ちの揺らぎに気づいてしまい，それを背負って気分が落ち込むことがよくあるため，人の感情が溢れているような状況は苦手だ。

〇**情動的×想像的**：物を捨てる際，その物がどれだけ悲しく辛い思いをするだろうかと考えてしまい，耐えられなくなり捨てられない。食べ物が生まれ，育ち，自分のもとへ来るまでの気持ちを想像し，どれだけ苦しかったかと思うと食べ残しは許せない。

〇**知的×情動的×想像的**：現実世界は，入り乱れている情報や感情を無意識に取り入れてしまうことでとても疲れるので，ファンタジーの世界や頭の中で繰り広げられる世界に没頭する。正義にこだわってしまうため，人からの評価をとても気に掛け，協調性，責任感が過度に強くなってしまう。

はまると感じる項目を尋ね記入してもらった。主に母親と子どもの回答の食い違う項目について，根本特性を示唆しながら説明した。

（2）超活動性の特性の分析結果

A）超活動性の複合から生じる不協和感

「当てはまる」と回答した項目数は，①の「超活動性チェックリスト」では34／50項目（筆者の調査では上位5％以内の水準），②の「HSCチェックリスト」では17／23項目（13項目以上がHSCの目安）であった。また本人の語った内容から，超活動性に関して1つの領域に収まらず，表7-3-2のように複数の領域の超活動性が相まって困難や不協和感が生じると解釈した方が適切な場合もあると筆者は判断した。

B）本人と母親へのフィードバック
①本人へのフィードバック（面談時）

本人の発話の解釈とフィードバックの例を表7-3-3に示す。

特に超活動性について，心的エネルギーを無意識に配分してしまうと「ふつう」の人に比べてバランスが崩れやすく，状況によっては自分が辛くなってし

2E当事者と親の意識・支援 | 第7章

表7-3-3　本人へのフィードバックの例

質問項目	本人の発話
愛着のある物を捨てられない（情動的）	その物の背景にある物語（想像的）を想像して，悲しみの感情が生まれることで，捨てられない。
他人が自分に共感しないと落ち込む（情動的）	その人が自分に共感しないということは，否定的に思われているのではないかと感じ，時間軸を超えて，他の場面にもその感情を当てはめてしまい，明日が不安になる。
物語を自分が楽しむために書く（想像的）	頭の中で繰り広げられたストーリーを，文字に起こしてアウトプットするのが好き。しかし頭の中の膨大で複雑に絡みあった情報（感情や想いも含め）全てを上手くアウトプットするのは困難な作業なので，大学ではAIロボットの研究をして，アウトプットがスムーズになるような方法を探りたい。

 上記の3つの発話の共通特性に基づくフィードバックと本人の反応

【面談者】　実際に起こっていることと，頭の中で見積もっていることを区別するのが苦手で，現実よりも大きく重圧を感じている。まずは，現実のものなのか見積もったものなのかを客観的に区別できるように心がけて，見積もりのはみ出しを必要最低限にするといいよ。

【本人】　「見積もり」をしているということは，考えてもいなかった。新しい言葉。「見積もり」を知ったことで，自分が現実よりかなり大きく見積もった不安を感じていたことに気づき，大きすぎる重圧の原因がわかった気がする。

まうことがある。そのため，自分のエネルギー配分の偏りの癖や現在の配分状況を，超活動性の領域毎に数量化・可視化する手段を選択肢のひとつとして提示した（図7-3-1のように，水の入ったコップをいくつか並べたイメージ図を用いた）。切羽詰まった状況になると，冷静さを失い，自分が自分の手に負えなくなることもある。そうなったときに，自分の現状を捉え直す手段をひとつでも持っておけば，落ち着いてエネルギーを配分し直すことにつながるだろう。また超活動性・HSCのどちらも障害ではなく特性のひとつであり，ネガティブ面だけでなくポジティブ面もあることを適切に把握して，治そうとするのではな

く自分に合った環境を選んでいくことを提案した。

このような対話を通して，本人は，話をじっくり聴いてもらえただけでなく，自分の中のもやもやしたものが少しすっきりして嬉しいと話していた。

②母親へのフィードバック（後日）

超活動性やHSCの特性について説明した上で，表出した行動の裏に隠された根本特性にはどのようなものがあるのか説明した。特に，例えば表7-3-4のような，母親と子どもでチェックリストへの回答が大きく違った項目については，母親から見えているものと，子どもの心に隠れているものにズレがある可能性があったため，子ども本人が実際はどういう考えや気持ちを内面に抱えているのかを説明した。

表7-3-4のように，母子間でのチェックリストの食い違いについて説明したとき，母親は自分が見ていたものと子どもの心の内とのすれ違いが見えてくることで，「あぁ……そんな風に思ってたのね……」と，肩の力が抜けて，子どもへの理解が一歩深まった様子であった。しかしそれ以上に，「ふつう」とはどこか違う子どもの特性に対して，すぐには心から共感できないことへの戸惑いが滲み出てきた。母親は「言われてみれば，そうだったのかもしれないね」と，子どもに共感しようと懸命にフィードバックを咀嚼し，「たしかにね……そうかもね……」と，これまでの感情や想いを反芻しているように感じられた。

面談の最後に，①母親は，普段の生活で意識しないような観点を知ることで，自分にとっての「ふつう」ではなく，子ども本人の立場から子どもの行動を見直すことができたと感じ，②子どもの特性を整理したことによって子どもへの理解と共感が深まったような気がすると母親は振り返った。また，子どもが家で面談時のことについて嬉しそうに喋っていたとも話してくれた。

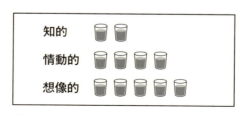

図7-3-1　心的エネルギー配分の図の例（一部）

2E当事者と親の意識・支援　第7章

表7-3-4　母子間で認識のずれた根本特性

○愛着や思い出のある物は何でも取っておいて溜め込む（OE）

【子】　物を捨てる際，その物がどれだけ悲しく辛い思いをするだろうかと考えてしまい，耐えられなくなり捨てられない。同様に，食べ残しも許せない。

【母】　そこまで深く考えて，物の気持ちまで想像した上で取っておいていたなんて全く気づいていなかった。

○未来や未知のものを想像して, 恐れることがある（OE）

【子】　寝る前，ベッドで明日のことを考えると怖くなる。過去の失敗や負の感情が次々に思い起こされて，それがもしかすると明日また起きるのではないかなどと不安に押しつぶされそうになる。

【母】　寝るときにそんなことを考えていたことを知らなかった。想像や思いが膨らんで不安感が大きくなっていることを知ることができた。

○誰かがつらい思いをしていることに気づく（HSC）

【子】　悲しみや怒りなど負の感情をまとった人や状況に過敏でとても苦手な上に，人の些細な様子の変化に気づくことが多いため，人の悲しみやつらさが伝わってきやすく目にとまる。周りの人の感情が自分に流れ込んで，疲れてしまうこともある。

【母】　周囲のことをそんなに敏感に感じ取って気づくタイプだとは思っていなかった。こういうこともストレスの原因のひとつになることに気づけた。

3　不協和感のある才能児と母親への支援の課題

（1）子どもと母親両方への支援

　2E児と違い，GDF児が周囲と「どこか違う」と感じられる原因は，障害ではなく性格と同様の根本特性にある。そのため2E児と同じような支援をしていても，人にはない困難に遭遇することや苦悩することもあるため，本人独特の生きづらさは解消されない。しかし，自分の内に隠れた特性を客観的に整理して「なぜ生きづらいのか」を把握することで，無理に自分を押し曲げるのではな

129

く，「自分らしさが存分に発揮できる環境」を選び抜いて生きていく術を身につけられる。そこではネガティブな面が強かった特性のポジティブな面が発揮され，自分を最大限に生かすことができる。それは決してずるい逃げなどではなく，自分を苦悩から救い，活き活きさせるための賢い工夫である。その一歩目のきっかけとなるものや人との出逢いさえあれば，GDF児には自分を客観的に把握して生かしていける才能が備わっているであろう。

　本人同様に，GDF児の母親への支援も不可欠である。現実には，母親は子どもを理解することや心から寄り添う役割を「できて当然のもの」であるかのように求められてしまうことが多い。しかし，子どもがGDF児で，母親は「ふつう」の日常を生きている場合，子どもの感性を心から理解し心から寄り添うことは，決して初めからできて当然ではなく，想像以上に難しい。なぜなら，母親と子どもは別の人間だからである。それにもかかわらず，「母親なのだから分かってあげられる」という考えが当然のものとして存在することで，いつの間にか，母親の心は置き去りにされる。またGDF児は親の気持ちに敏感であることが少なくないため，母親のそのような焦りや不安，苦悩を感じ取り，責任を感じ自尊心が低下する可能性がある。

　それゆえ，GDF児の支援は，本人とその母親の両方に目を向けたものでなければならない。本人への自己理解を促す支援はもちろん，母親に子どもの根本特性やそれに伴う行動を説明し，母親は自分と子どもは別の「ものさし」を持っているのだと認識することで心が楽になり，どのように子どもを見守っていけばいいのかという観点のヒントにもつながる。母親が子どもへの理解を深め，共感を高めて，子どもの内面に寄り添っているという安堵感が得られると，親子関係の中で双方の自己肯定感がもたらされるであろう。

（2）子どもと母親のフィルターを通して見る支援

　今回は面談を通して子どもの内面の語りを分析し，本人の自己理解と母親の子どもへの共感を深めることを目指したが，このような試みにおいて大切なのは，その人のフィルターを通して世界を見てみようとすることである。つまり，面談者は面談者として共感するのではなく，同じ場所に立って，同じ方向を見てそれを感じてみようとすることが求められる。困難の渦中にいる本人が冷静

に自分や周囲の状況を見つめることは，ひとりの力では難しい。そこで，面談者がメンター（mentor：助言者）として，本人にとって「二人目の自分」のような役割を担うことで，子どもや母親はメンターとの対話を通して，より深く自分と対話をすることが可能になるであろう。

　発達障害等，支援を受ける者の中でも比較的マジョリティ向けの支援は既におおよそ決まった形で確立されてきており，積極的に行われている。一方，その存在さえ広く認識されないGDF児のようなマイノリティへの支援はそのようにはいかない。マイノリティと一括りに言っても実際の中身は千差万別であるため，マイノリティ向けの定型的な支援というものは存在せず，支援の形は人の数だけ求められる。つまりマイノリティへの支援は，決まった枠の中で行われるのではなく，多様な個性のある一人ひとりに向けられたものである必要がある。

　そのような人々に心理職が寄り添うには，大勢に向けられたものを提供するのではなく，個々人の話・気持ちをしっかりと聴き，メンターが「鏡の中の自分」として何ができるのかを模索することが重要になる。この理念は，子どもの発達の長い年月を貫いて，新生児の母親が支援者と一緒に赤ちゃんの姿をとらえ直し，赤ちゃんのメッセージに耳を傾け強みを確認していくという，母親支援のあり方（永田, 2018）にまでも通じるものであろう。

【引用・参考文献】

Aron, E. N. (2002) *The highly sensitive child: Helping our children thrive when the world overwhelms them.* New York: Harmony Books.（明橋大二訳（2015）ひといちばい敏感な子．１万年堂出版.）

永田雅子（2018）周産期から新生児期の愛着形成の支援．こころの科学, 198, 51-55.

Rivero, L. (2010) *A parent's guide to gifted teens: Living with intense and creative adolescents.* Scottsdale, AZ: Great Potential Press.

索引

アルファベット

ADHD→注意欠如・多動症

ASD→自閉スペクトラム症

GDF児→不協和感のある才能児

HSC→敏感すぎる子ども

HSP→敏感すぎる人

IQ→知能指数

LD→学習障害

MI→多重知能

MCPS→モンゴメリー郡公立学校

MTSS→多層支援システム

N高等学校 ……………………… 23

OE→超活動性

PBIS→ポジティブな行動的介入・支援

PDCAサイクル ………………… 29, 48

QOL→生活の質

RtI→介入への反応

SEM→全校拡充モデル

SLD→限局性学習症

SST→ソーシャルスキルトレーニング

TEM図 …………………………… 118

TRPG→テーブルトーク・ロールプレイングゲーム

Viscuit（ビスケット）……………… 50

あ行

アーロン（E. N. Aron）………… 6, 124

アクセシビリティ・コミュニケーション支援室 …………………… 99, 100

アスペルガー症候群 …………… 105

アセスメント …… 4, 17, 18, 19, 21, 27, 28, 29, 41, 51

アセスメントツール …………… 28, 29

移行支援 …………… 11, 95, 99, 102

異才発掘プロジェクトROCKET …… 9

いじめ …………… 80, 115, 119

エンカウンター・グループ ……… 79

援助要請スキル ………………… 94

オープンキャンパス ……… 97, 99, 103

か行

介入への反応（RtI）……………… 17

各教科の補充指導 ………………… 37

拡充 …………… 14, 15, 16, 19, 20, 22, 46

拡充三つ組モデル ………… 15, 22, 59

学習困難 …………………… 9, 16

学習支援 …… 7, 8, 10, 11, 21, 25, 27, 28, 29, 32, 64, 79

学習障害（LD）…… 2, 8, 16, 17, 18, 26, 39, 40, 63, 66, 96, 115, 116

学習スタイル ………… 7, 22, 28, 81, 82

学習の個性化 ……………… 7, 16, 20, 23

学力……2, 4, 8, 9, 14, 17, 18, 19, 20, 23, 33, 62, 78, 80

過集中………………………………6

課題への傾倒……………………14

完璧主義……………………5, 23, 124

教育再生実行会議………………9

教育相談………51, 61, 62, 63, 64, 65, 67

狭義/広義の才能教育……………15, 16

狭義/広義の2E…2, 3, 4, 6, 8, 9, 10, 11, 16, 17, 20, 21, 39

狭義/広義の2E教育…7, 8, 9, 18, 21, 39, 41, 52, 64, 79

キングズベリ・デイスクール………20

グループワーク…………79, 80, 83, 85

継次処理………………………32

限局性学習症（SLD）…2, 16, 96, 115, 116

高校における特別支援教育……61, 62, 63, 78

構成的グループエンカウンター……83

高大連携………………63, 80, 103

行動観察……………2, 14, 28, 29

合理的配慮…………16, 19, 20, 96, 97

コーチング……………………96

誤診………………………………6

コラボ教室…………43, 44, 46, 50, 51

コラボ研究計画……………………48

根本特性………122, 123, 125, 126, 128, 129, 130

さ行

才能教育…2, 4, 8, 13, 14, 15, 16, 17, 18, 20, 21, 39, 40

才能児……2, 3, 4, 5, 6, 7, 13, 14, 15, 17, 19, 23, 24, 52, 122

才能の三輪概念……………………14, 17

才能の定義………………………14

サマースクール…10, 40, 52, 53, 54, 57, 58, 59, 60

サンプロ（日曜余暇プロジェクト）…88, 92

思考スタイル……………………7, 22

自己肯定感………10, 36, 38, 39, 40, 69

自己統御………………………68, 76

自閉スペクトラム症（ASD）…2, 6, 9, 16, 18, 26, 62, 63, 64, 86, 87, 88, 89, 90, 92, 93, 95, 97, 117, 122

社会情緒的支援…2, 7, 8, 10, 11, 18, 21, 25, 27, 32, 64, 77, 79, 111

趣味トーク………………88, 89, 90, 93

障害学生支援（修学支援）…7, 11, 33, 61, 67, 95, 96, 97, 99, 104

障害者雇用……………68, 69, 102

生涯発達………………………114, 115

情緒障害……2, 16, 18, 36, 39, 40, 41, 53

自立活動………………38, 43, 46, 48

進学校………………………7, 9, 26

神経（脳の）多様性………………3

神経発達症群…………………………2

心的エネルギー配分 ………… 126, 128

進路指導 ……… 63, 67, 68, 69, 71, 75, 76

スティグマ ……………………… 119, 120

生活の質（QOL）………………… 92

セルフ・エンパワーメント ……… 68, 76

全校拡充モデル（SEM）………… 15, 22

全米2E実践協議会 ………………… 16

早修 …………… 14, 15, 16, 19, 20

創造性 ………… 2, 5, 8, 14, 17, 18, 39

ソーシャルスキルトレーニング（SST）
………………………… 87

た 行

大学進学 ‥ 10, 11, 20, 21, 95, 96, 99, 104

大学体験プログラム ………………… 99

多重知能（MI）………… 21, 22, 28, 40

多層支援システム（MTSS）……… 17

ダブロフスキー（K. Dabrowski）
………………………… 5, 6, 122

多様な感覚 ………………… 20, 22

知的障害 …………… 68, 69, 70, 71, 88

知能 ……… 2, 8, 14, 19, 20, 21, 22, 40, 65

知能検査（テスト）…… 4, 14, 17, 19, 21,
28, 29, 44, 51

知能指数（IQ）…………… 2, 14, 17, 44

チャレンジ・カレッジ ………… 99, 100

注意欠如・多動症（ADHD）…… 2, 5, 6,
9, 16, 18, 19, 26, 31, 39, 63, 67, 95,
97, 122

超活動性（OE）‥‥ 5, 6, 7, 14, 122, 124,
126, 127, 128

長所活用型指導 ………………………… 9

通級指導教室 ‥‥ 9, 10, 11, 21, 36, 37, 39,
40, 41, 43, 46, 52, 53, 54

定時制高等学校 ……………………… 78

定着！はったつさん ………………… 34

テーブルトーク・ロールプレイングゲーム
（TRPG）………… 88, 90, 92, 93, 94

2E教室 ……………………… 10, 19, 20

当事者 …………… 7, 103, 105, 111, 112

同時処理 ……………………………… 31

特別教育 …………… 2, 13, 19, 40

特別支援学校 ………… 46, 68, 69, 71, 78

な 行

日米比較 ……………………………… 114

ニューロダイバーシティ→神経（脳の）
多様性 ………………… 3, 35, 62, 115

認知的個性 …………… 27, 28, 30, 33, 35

ネット通信制高校 ………………………… 23

は 行

バースデーライン …………………… 83

バウム（S. M. Baum）…… 7, 21, 22, 25

発達障害児対象の私立学校 …… 10, 20

発達多様性（発達ダイバーシティ）
………………… 2, 3, 7, 23, 24

発達の凸凹 …………… 3, 86, 94, 117

発達の道筋 ……………………… 3, 7

母親（保護者）…… 40, 41, 44, 46, 48, 50,
　　51, 53, 56, 57, 58, 59, 60, 67, 74, 93,
　　96, 99, 102, 103, 108, 109, 112, 113,
　　114, 115, 116, 117, 118, 119, 120,
　　121, 123, 125, 126, 128, 129, 130,
　　131

母親支援 ………………………… 130, 131

パフォーマンス評価 ………………… 22

ピアサポーター ……………… 99, 100, 103

非同期性 …………………………… 2

ヒューマンビンゴ ………………… 84

敏感すぎる子ども（HSC）…… 6, 124,
　　126, 127, 128

敏感すぎる人（HSP）………………… 6

不協和感のある才能児（GDF児）… 5,
　　7, 8, 9, 11, 21, 23, 122, 123, 129,
　　130, 131

複線径路等至性アプローチ ………… 114

不登校 …… 23, 27, 62, 64, 78, 79, 80, 86,
　　93, 115, 116, 118, 119, 123, 124

フリースクール …………………… 23

ブリッジズ・アカデミー …………… 21

包括的アセスメント …… 4, 17, 18, 27, 28

ホームスクーリング ……………… 23

ポジティブな行動的介入・支援（PBIS）
　　………………………………… 17

本人参加型会議 ………………… 48, 50

ま行

マイノリティ ……… 3, 7, 14, 35, 120, 131

マインドマップ …………………… 31

学びのユニバーサルデザイン ……… 9

見積もり ………………………… 127

メンター ……………………… 19, 131

ものさし ……………… 106, 107, 130

モンゴメリー郡公立学校（MCPS）
　　…………………………… 18, 19, 20

や行

余暇活動支援 ………………… 88, 94

横浜市教育振興計画 ……………… 37

予防的教育相談 …………………… 63

ら行

ライフステージ …………………… 32

レジリエンス ………………… 38, 39

レンズーリ（J. S. Renzulli）…… 14, 15

ロジャーズ（C. R. Rogers）………… 79

わ行

ワーキングメモリ ………………… 32

▌著者紹介（執筆順）

松村　暢隆	（まつむら・のぶたか）	編者	第1章・第2章
小倉　正義	（おぐら・まさよし）	鳴門教育大学大学院 学校教育研究科教授 ／発達臨床センター所長	第3章・第5章[1]
吉原　勝	（よしはら・まさる）	東洋大学社会学部 社会心理学科非常勤講師	第4章[1]
岡田　克己	（おかだ・かつみ）	狛江市立狛江第三小学校教諭	第4章[2]
杉山　明	（すぎやま・あきら）	横浜市立市ヶ尾小学校校長	第4章[3]
水野　証	（みずの・さとる）	滋賀県立北大津高等養護学校 教諭	第5章[2]
宇野　明雄	（うの・あきお）	滋賀県立甲南高等養護学校 教諭	第5章[2]
小黒明日香	（おぐろ・あすか）	一般社団法人シュタイナー療育 センター光こども園児童指導員	第5章[3]
加藤　浩平	（かとう・こうへい）	（株）金子書房 金子総合研究所 所長・編集者／東京学芸大学非 常勤講師	第5章[4]
西村優紀美	（にしむら・ゆきみ）	富山大学保健管理センター 客員准教授	第6章
ソルト	（そると）	企業職員／自閉症スペクトラム 支援士	第7章[1]
小坂　智子	（こさか・さとこ）	京都西山短期大学非常勤講師	第7章[2]
水野　晶葉	（みずの・あきは）	鳴門教育大学大学院学校教育研 究科修士課程	第7章[3]

編著者紹介

松村暢隆（まつむら・のぶたか）

関西大学名誉教授。

京都大学大学院文学研究科心理学専攻博士課程修了，文学博士。

主な著書に，『才能教育・2E教育概論』（東信堂），『アメリカの才能教育』（東信堂），『本当の「才能」見つけて育てよう』（ミネルヴァ書房），『才能と教育』（共著，放送大学教育振興会），『ワードマップ 認知的個性』（共編，新曜社），翻訳書に，『子供はどのように心を発見するか』（新曜社），『思考スタイル』（共訳，新曜社），『個性と才能をみつける総合学習モデル』（玉川大学出版部），『MI：個性を生かす多重知能の理論』（新曜社）などがある。

2E教育の理解と実践　発達障害児の才能を活かす

2018 年 11 月 30 日　初版第 1 刷発行	［検印省略］
2022 年 4 月 27 日　初版第 2 刷発行	

編著者　　　松　村　暢　隆
発行者　　　金　子　紀　子
発行所　　㈱金　子　書　房

〒112-0012　東京都文京区大塚 3-3-7
TEL　03-3941-0111 ㈹
FAX　03-3941-0163
振替　00180-9-103376
URL　https://www.kanekoshobo.co.jp

印刷／藤原印刷株式会社　製本／一色製本株式会社
装丁・デザイン・本文レイアウト／mammoth.

© Nobutaka Matsumura, et al.,2018
ISBN 978-4-7608-2842-5　C3037　Printed in Japan

発達障害のある生徒・学生に関わる高校、大学の
教職員支援者、当事者、家族のために

発達障害のある人の大学進学
どう選ぶか　どう支えるか

内容
◇社会に出る前の進路の選択肢として、大学進学を意味あるものとするために、本人、家族、高校関係者、大学関係者は何ができるか。
◇大学進学、大学入試に向けて本人、家族、高校はどのような準備をすればよいか。
◇発達障害のある学生を受け入れる環境を整えていくために、大学教職員がどう行動していったらよいか。
現状とさまざまなケース紹介など、発達障害のある人の大学進学に関する理解と支援を考える材料、手がかりが豊富にちりばめられている。

Tomone Takahashi
高橋知音……●編著
A5判　216頁　本体2,300円+税

CONTENTS

- 第1章　大学進学前に知っておいてほしいこと
  （高橋知音）
- 第2章　大学進学に向けた高校の取り組み
  ――全日制普通科に在籍する発達障害のある生徒たち
  （浅田　聡）
- 第3章　進学を目指す高校生への情報提供（1）
  ――東京大学先端科学技術研究センター，DO-IT Japanの取り組み
  （近藤武夫）
- 第4章　進学を目指す高校生への情報提供（2）
  ――富山大学の取り組み
  （西村優紀美）
- 第5章　大学入試センター試験における特別措置
  （上野一彦）
- 第6章　入学決定から大学入学までの準備
  （高橋知音）
- 第7章　発達障害のある大学生の入学直後の困難と支援
  （村山光子）
- 第8章　卒業後の自立につながる大学生活サクセスフルサポート
  （篠田晴男）
- 第9章　学生の立場から
  ――進路選択と大学生活
  （笹森理絵）
- 第10章　家族の立場から
  （脇坂奈央子）
- 第11章　ディスレクシア　海を越える
  （藤堂高直）

K 金子書房　〒112-0012 東京都文京区大塚3-3-7
TEL03(3941)0111　FAX03(3941)0163　http://www.kanekoshobo.co.jp